KB253674

016
그들이 본 우리
Korean Heritage Books

조선의 아이 사랑이

: 선교사 서부인이 구한 조선 아이들

로이스 H. 스와인하트 지음

송창섭 옮김

살림

조선의 아이 사랑이 : 선교사 서부인이 구한 조선 아이들

'그들이 본 우리' — 상호 교류와 소통을 위한 실측 작업

우리는 개화기 이후 일방적으로 서구문화를 수용해왔습니다. 지금 세계는 문화의 일방적 흐름이 극복되고 다문화주의가 자리 잡는 등 세계화라는 다른 물결 속에 있습니다. 이제 우리가 주체적으로 우리의 문화를 타자에게 소개함에 있어 진정한 의미에서의 상호 소통을 통한 상호 이해가 필요함은 주지의 사실입니다. 그리고 타자와 소통하기 위한 첫걸음은 그들의 시선에 비친 자신의 모습에 대한 진지한 탐색입니다. 번역은 바로 상호 교류를 통해 자신의 정체성을 확보하기 위한 작업이며, 이는 당대의 문화공동체, 국가공동체 경영을 위해 중요한 과제 중의 하나입니다. 우리가 타자에게 한 걸음 다가가기 위해서는 타자와 우리의 거리를 정확히 인식하여 우리의 보폭을 조절해야 합니다. 그런 의미에서 서구가 바라보았던 우리 근대의 모습을 '번역'을 통해 되새기는 것은 서로의 거리감을 확인하면서 동시에 서로에게 다가가기 위한 과정입니다.

한국문학번역원이 발간해 온 〈그들이 본 우리〉 총서는 바로 교류와 소통의 집을 짓기 위한 실측 작업입니다. 이 총서에는 서양인이 우리를 인식하고 표현하기 시작한 16세기부터 20세기 중엽까지의 우리의 모습이 그들의 '렌즈'에 포착되어 기록되어 있습니다. 그들이 묘사한 우리의 모습을 지금 다시 읽는다는 것에는 이중의 의미가 있습니다. 우선 우리는 그들이 묘사한 우리의 근대화 과정을 통해 과거의 우리를 확인할 수 있습니다. 하지만 이 작업은 다른 면에서 지금의 우리가 과거의 우리를 바라보는 깨어 있는 시선에 대한 요청이기도 합니다. 지금의 우리와 지난 우리의 거리를 간파할 때, 우리가 서 있는 현재의 입지에 대한 자각이 생긴다고 할 수 있습니다. 이런 의미에서 이 총서는 시간상으로 과거와 현재, 공간상으로 이곳과 그곳의 자리를 이어주는 매개물입니다.

이 총서를 통해 소개되는 도서는 명지대-LG연암문고가 수집한 1만여 점의 고서 및 문서, 사진 등에서 엄선되었습니다. 한국문학번역원은 2005년 전문가들로 도서선정위원회를 구성하고 많은 논의를 거쳐 상호 이해에 기여할 서양 고서들을 선별하였으며, 이제 소중한 자료들이 번역을 통해 일반인들에게 다가감으로써 우리의 문화와 학문의 지평을 넓혀줄 것으로 기대합니다. 한국문학번역원은 이 총서의 발간을 통해 정체성 확립과 세계화 구축을 동시에 이루고자 합니다. 우리 문학을 알리고 전파하는 일을 핵심으로 하는 한국문학번역원은 이제 외부의 시선을 포용함으로써 상호이해와 소통이 현실적으로 가능하도록 더욱 노력하겠습니다.

끝으로 이 총서가 세상에 나오게 힘써주신 여러분들께 감사드립니다. 특히 명지학원 유영구 이사장님과 명지대-LG연암문고 관계자들, 도서 선정에 참여하신 명지대 정성화 교수님을 비롯한 여러 선생님들, 번역자 여러분들, 그리고 출판을 맡은 살림출판사에 감사드립니다.

2009년 5월
한국문학번역원장 김주연

차례

"갓 키우다 다쳐 길가에 버려진 작은 새일지라도

우리가 도와서 구원받는 생명이라면,

우린 그 얼마나 지켜보고 보호하고

그것이 되살아나면 좋아하는지! 우리가 불행에서 한 생명을 구해낼 때

우리의 자만은 사랑이 되고

우리의 승리는 다른 게 아닌

하나님을 섬길 때의 은밀한 환희."

1

옛날 나라 한국의 꽃 한 송이

유서 깊은 나라 한국에서 여자 아이 사랑이가 용(龍)의 해[1]에 태어났다. 애 아버지는 아이를 한 번도 본 적이 없었다. 자신의 첫애가 여자 아이라는 말을 들었을 때, 노발대발하며 집을 나가 먼 촌 구석으로 사라진 뒤 다시는 소식을 알려오지 않았기 때문이다.

사랑이 엄마는 남편한테 버림받은 뒤, 돈 많은 남자들의 변덕과 욕정에 얽매인 창부(娼婦)이자 무희(舞姬)가 되었다. 이들은 잔치나 명절 때 그녀를 집으로 불러 손님들의 흥을 돋우었다. 아름다웠던 자태가 시들면서 그녀는 귀신 불러내는 일을 시작했는데, 점도 치

---

1 병진년(1916년)으로 추정됨.

고 굿도 벌여 밑바닥 세계의 사람들한테서 먹고 살 돈을 뜯어냈다. 그들은 이를테면 그녀의 밥줄이었다. 그녀는 기만과 타락의 삶 속으로 깊이깊이 빠져들었고, 결국 술, 아편 그리고 나쁜 무리의 친구들이 어미에게서 아이에 대한 정을 송두리째 앗아가 버렸다.

사랑이는 태어나자마자 몇 해를 과부 집에 갇혀서 보냈다. 세자 엄마[2] 집은 허술한 물레방아가 가릉거리고 삐걱거리고 물 튀는 소리를 내며 돌아가는 동네 방앗간 옆 오두막이었는데, 돌담이 큰 길 쪽을 가로막았고, 사랑이는 아예 그 담장 너머에 갈 수가 없었다. 사랑이는 동네 아이들과 어울리는 게 허용되지 않았기 때문이다. 그 외로운 시절에 사랑이는 좁은 통로를 따라 돌담 쪽에 이르러 격자형 대나무 문에 얼굴을 대고 간절한 표정으로 남자 애들과 여자 애들이 길에서 노는 것을 지켜볼 때가 많았다. 하지만 사랑이는 한 번도 아이들 속에서 놀지 못했다. 왜냐하면 아이들은 사랑이를 오직 마녀[3]의 딸로만 알고 있었기 때문이었다. 아이들은 사랑이가 눈에 띄면 마을 전체에 경보라도 발령된 듯이 싱글싱글

---

2 Secha Umunnie : 여염집 부인들을 높여 부를 때 '어머니(어무니)'라는 표현을 쓴 것 같은데 일반적인 우리 어감에 맞게 '엄마'로 바꿨다.
3 witch(마녀) : 이는 기독교의 이념에 반하는 '마녀'로서, 사랑이 엄마의 직업인 '무녀'에 서양인 선교사의 종교적 편견과 문화적 이질감이 작용하여 선택된 낱말인 것 같다. 그러나 '마녀'와 '무녀'는 문화적으로 아주 다르다고 보아야 한다.

비웃으며 흩어져 버렸던 것이다.

사랑이는 아이들이 자길 보고 도망치는 이유를 정말 알 수가 없었다. 그래서 사랑이도 아이들을 향해 악을 쓰고 자기에게 퍼부어진 욕을 똑같이 반복하며 주먹을 꽉 움켜 쥘 때가 많았다.

하루는 세자 엄마가 까만 강아지 한 마리를 시장에서 데려와 담 안에 내려놓았다. 녀석은 호기심이 가득한 귀를 쫑긋 세우더니 사랑이를 향해 달려들었다. 녀석의 보드랍고 촉촉한 혀가 사랑이의 얼굴을 핥자 아이에게는 환희의 세계가 펼쳐졌다. 사랑이는 순식간에 새로 생긴 친구와 모래밭에서 나뒹굴었고, 그날부터 마을 아이들이 자기를 향해 고함을 지르고 돌을 던져대도 그 소리가 하나도 귀에 들어오지 않았다.

사랑이가 여섯 살[4] 되던 해, 기생집 주인이 사립문을 지나다가 방앗간 옆 오두막 공터에서 강아지와 놀고 있는 사랑이를 보더니 돈으로 아이를 사기로 그 자리에서 마음먹었다. 애 엄마는 수소문 끝에 선술집에서 찾을 수 있었고, 기생집 주인은 아이를 소유하기 위한 대가로 제법 큰 목돈을 제시했다. 머리깨나 굴리는 무당은

---

[4] 사랑이가 병진년 1916년생이니까 6살이면 1922년일 것이다.

조금도 망설이지 않고 그 자리에서 계약을 맺었다.

사랑이를 기생집 주인한테 넘겨주는 날이 되었는데, 노예로서의 아이의 몸값은 인정머리 없는 어미한테는 수지가 맞는 일이었다. 둘이서 춤 선생[5] 집을 향해 먼지 날리는 큰 길을 가는 동안 무당은 기분 나쁜 가락을 흥얼거리며 이제 곧 제 것이 될 돈을 손가락으로 셈해 보았다. 여자의 손바닥은 탐을 내느라 그런지 경련이 일면서 바르르 떨렸다. 재주를 피우고 굿을 여러 달 벌여 벌 수 있는 액수보다 이 계약으로 손에 쥘 수 있는 돈이 더 많았기 때문이었다. 셈 빠른 이 여자의 무정한 마음속에는 제 새끼에 대한 동정심이나 자기가 팔아넘기는 인생에 대한 전율의 흔적은 눈곱만치도 없었다. 탐욕이 여자의 시야를 가려버렸고, 욕심이 타고난 모정을 마비시켜버렸다. 물욕이 열병처럼 혈관을 타고 흘렀다. 그녀는 치사한 욕심에 마음이 급한 나머지 아이를 다그쳐 몰았다. 사랑이는 햇살 속에서 잠자리를 쫓아 까불며 뛰어가다가 가끔씩 멈춰 선 다음 길옆에 자란 들장미에 코를 파묻었다. 사랑이는 길 잃은 메뚜기를 잡아 축축한 손 안에서 짜부라진 것을 엄마한테 보여줬다. 무당은 아이가 보여주려고 하는 것을 쳐다보기는커녕 더 빨리 뛰

5 기생집 주인을 달리 표현한 말.

라고 다그쳤다.

사랑이는 몸을 돌려 길에서 춤을 추다가 엄마 뒤로 처지면서 제 그림자[6]에 호기심이 발동했다. 분가루 같은 잿빛 땅에 대자로 드러누워서 사랑이는 자신을 완벽하게 판에 찍어낸 것 같은 형체를 보고 기뻐하며 웃었다.

"와, 내 그림 잘 만들 수 있다. 나랑 똑같애. 그런데 날 졸졸 따라오지도 않네." 사랑이는 외쳤다. "난 흙 그림자가 좋아. 그럼 더 잘 만들어야지." 아이는 신나는 시간을 보내고 있었다. 아이는 갑자기 장난을 멈추고 되돌아와 엄마 옆에서 새침을 떼며 걷기 시작했다.

"엄마." 사랑이는 말했다. "저기 뒤에 털 복숭이 거미가 파란 날개 달린 벌레 한 마릴 어둔 구멍 속으로 끌고 들어가. 엄마 우린 지금 어디 가는 거지?"

"시끄러, 그리고 귀찮게 하지 마. 우린 좋은 집으로 가고 있다."

"거길 가면 애기들도 있나? 엄마, 난 애기를 업어주고 싶다. 나도 다른 여자애들처럼 되고 싶어. 우리 아긴 어딨지? 엄마는 결혼은

---

6 여기서 그림자는 다음 문맥에서 묘사되듯이 실제 그림자가 아니라 아이가 흙바닥에 누워서 생긴 흔적을 가리킨다.

한 거야? 그런데 아빠는 어딨어?”

“자꾸 묻지 마라.” 여인이 대꾸했다. “넌 말이 많아. 네 애빈 네가 뱃속에서 나왔을 때 도망갔다. 좀 있으면 양반 어른 집에 도착하는데 시키는 대로 따라 해. 말썽 피우면 맞는다. 하지만 잠자코 있으면 배불리 먹고 좋은 옷도 많이 입는단다.”

“근데 난 그 양반 어른을 본 적이 없는 걸. 내 강아질 좋아할까?”

엄마는 대꾸하지 않았다. 아이는 겁먹은 눈으로 엄마를 올려다보았다. 사랑이는 눈이 쓰려서 울음이 터질 것 같았다. 하지만 바로 그때 상인, 일꾼, 관리, 서생들이 길을 꽉 메운 장터를 지나던 중이어서 이들의 관심을 끌까봐 겁이 났다. 그래서 이제 막 터질 것 같은 눈물을 삼키고 엄마와 걸음을 맞추기 위해 엄마의 치맛자락을 붙들었다.

사랑이 엄마와 기생집 주인[7] 사이의 치사한 계약 얘기가 이 마을 저 마을까지 퍼졌고, 그날 행인들은 점쟁이 무당이 걸어가는 쪽으로 혐오와 증오의 시선을 보냈다. 가만가만 멀어져가는 아이

---

7 brothel-keeper : 저자는 여기서 사창가의 주인, 즉 '포주'라는 표현을 쓰고 있지만 기생집에 준하는 표현으로 이해하는 것이 맞을 것이다. 기생은 적어도 춤과 노래 등의 기예를 익혔을 때 성립한 직업이라고 볼 때 사랑이가 팔려갈 위기에 처한 장소로서 brothel이란 표현은 어색하다.

를 보기 위해 목울대에 손을 댄 채 동정과 애정의 눈물을 머금고 아이를 향해 몸을 돌리는 아낙네가 한둘이 아니었다.

햇빛은 길고 희게 뻗은 길 위로 쏟아졌고, 오후의 시간은 천천히 기울었다. 나무가 울창한 산자락을 큰 길이 감싸며 돌아가고 툭 튀어나온 산자락 땅이 그 너머의 길을 가린 곳에서 사랑이는 너무 지친 나머지 풀섶에 앉아 쉬게 되었다. 엄마는 뒤로 돌아서서 아이를 보고 인상이 험악해지더니 계속 걸으라고 다그쳤다. 그때 앞 쪽에서 단단한 땅 위를 내달려 오는 말발굽 소리가 이들로 하여금 순간적으로 그쪽을 쳐다보게 만들었다. 파란 눈과 아름다운 머릿결의 외국 여자가 잿빛 말을 타고 그 순간 길모퉁이를 돌아 달려 나오는 중이었다. 한국 여자나 아이는 머리가 검고 눈이 검은 사람 이외의 인간을 본 적이 전혀 없었다. 화들짝 놀란 이들은 느닷없이 출현한 이 유령을 안전한 거리에서 보기 위해 나지막한 둔덕 위로 부리나케 올라갔다.

말 등 위의 여인은 미국인이었다. 옷차림새, 아름다운 머릿결, 파란 눈이 그 사실을 한국 사람들에게 말해주고 있었다. 무당은 낯선 서양인들 얘기를 자주 들었다. 이들은 조선 사람들 속에서 하느님과 그 아들 예수를 섬기는 새 종교를 가르치며 살기 위해 저무는 태양 너머에서 건너온 기이한 외국인들이었던 것이다. 무당은 이 믿음에 대해서 아는 게 별로 없었다. 하지만 그녀의 타고난 직감은 그 교리가 자신의 생업이 행하는 부정, 사기, 불신 등과 정면으로 배치되고, 그게 만일 한국의 종교가 된다면 자신의 벌이가 사라지면서 무당들이 파산하리라는 사실을 알고 있었다. 이 때문에 무당은 선교사들, 그리고 이 낯선 교리를 받아들인 내국인[8] 모두를 혐오했다. 그것은 도대체가 끔찍하게 싫을 뿐이었다.

무당은 돌아서서 언덕을 내려온 다음, 미국 여자가 가까이 다가오자 움켜쥔 주먹을 휘두르며 반감을 드러냈다.

"돌아 가." 무당은 소릴 질렀다. "너희 땅으로 돌아가. 우린 너네 '예수'가 싫다고. 그놈의 가르침을 갖고 온 대가가 뭔지나 알아? 사방에서 울부짖는 악마들이 네 년을 갈기갈기 찢어발길 거라고. 돌아가란 말이야."

미국인은 말이 뒷걸음을 치자 발걸이에 힘을 주더니 바로 몸을 일으켰다. 그녀는 길 위에서 추접스런 춤을 춰대는 할망구를 불쌍하다는 듯 바라보더니 무당이 돌과 흙을 허공을 향해 던지기 시작하자 고삐를 날쌔게 잡아챘다. 말은 코를 씩씩거리며 방향을 바

---

8 natives : 서술자는 여기서 무당의 감정을 서술하고 있는데, '내국인'이라는 표현은 무당이 자신과 같은 조선인을 지칭하는 데 쓸 수 있는 어휘가 아니라 미국인 여자가 무당과 같은 조선인을 묘사할 때 쓸 수 있는 표현이다.

꿔 언덕을 세차게 뛰어 올라가려고 했는데, 가파르게 경사진 곳에서 말을 피하려고 하다가 긴 치맛자락이 몸을 잡아끄는 바람에 비틀거리고 있는 아이의 머리를 그 말굽이 가까스로 비켜갔다.

말은 지나쳐 가고 사랑이는 비명을 지르며 땅에 바짝 엎드렸다. 놀란 미국인이 말에서 내렸다. 발이 발걸이에서 떨어지자 말은 몸을 들어올리며 고삐를 그녀의 손에서 잡아채더니 길 아래쪽 숲 속으로 달려가 버렸다. 외국인은 아이를 굽어보더니 땅에서 일으켜 주려고 했다. 가만히 손이 닿자 아이의 비명은 잠잠해졌고, 검은 눈이 때 묻은 손 뒤에서 빠끔히 내다보았다. 그녀는 놀란 아이를 어깨 밑으로 손을 집어넣어 일으켜 세웠다. 한국 아이의 눈은 이방인의 얼굴을 올려다보며 감격해하고 있었다.

"말 땜에 다쳤니?" 선교사는 물었다. 이 미국인은 선교사였던 것이다.

아니라는 뜻으로 조그만 머리가 고개를 가로 젓는 동안 검은 눈에선 굳어진 시선이 전혀 흔들리지 않았다. "땅 밑에서 나왔어요?" 아이는 수줍어하며 물었다.

미국인은 웃었다. "넌 내가 도깨비[p]라고 생각하는구나. 하지만 난 그저 다 큰 여자란다. 난 땅속에서 나온 게 아니라 푸른 바다의 파도를 타고 이 나라에 왔단다."

"아줌마 눈은 하늘색이야." 아이는 계속해서 말했다. "머리는 벼가 익었을 때 색깔이고. 아줌만 사내가 아니라 계집으로 태어났을 때 엄마가 미워했나?"

"싫어하긴, 우리 엄만 내가 여자애여서 좋아했는걸."

"와, 아줌마 엄만 귀신이었나 보다. 여기선 여자애를 좋아하는 사람은 하나도 없는데."

아이는 엄마를 찾느라고 이 낯선 아줌마 뒤 쪽을 기웃거리다가 갑자기 말을 그쳤다. 그러나 무당은 달아난 말을 쫓기 위해 광란의 춤을 멈추고 이미 길 아래쪽으로 몸을 날린 뒤였다.

"저기 길 아래로 내달리는 여자가 엄마니?" 미국인은 물었다.

"응, 날 낳았지만 내가 귀찮은가봐. 그래서 오늘 날 팔려고 해. 아줌만 맨발로 걸으면서 자기를 졸졸 따라오는 그림자를 흙에 만들길 좋아하나?"

"그럼, 좋아하지."

"난 오늘 그 자국을 수도 없이 만들었어. 길 저 뒤까지 날 따라왔어. 발자국들이 어딜 가는지 모르고 내가 어딜 가는지도 몰라. 악마한테 간다는 생각뿐이야."

미국 여자는 흠칫 놀라더니 가련해하면서 알아들었다는 미소가 눈에 떠올랐다.

"엄마가 널 어디로 데려간다고?" 그녀는 살며시 물어보았다.

"훌륭한 양반 집이래. 사람들이 풍금[10]을 울리면 난 춤을 춘 대나봐. 거길 가면 노래도 부르고 펑펑 웃어대는 바람 난 여자들이 많대. 그치만 그 집에 갓난 애기들은 없다는 거야."

"그런데 거길 가고 싶니?"

"아줌만 갓난 애기도 없는 집에 살고 싶나? 거기 있는 양반 어른을 생각하면 난 밥도 안 넘어가. 하지만 울면 얻어맞아. 왜 아줌마 말을 안 따라가나?"

"너랑 얘길 하고 싶어서. 이름이 뭐니?"

"사랑이." 아이는 뒤로 몇 걸음 물러서서 짤막한 빨강 저고리의 홑 단추를 빙글빙글 돌렸다.

"사랑아, 네 옷에 예쁜 소매는 누가 만들어줬어? 무늬와 색깔이 무지개 같구나. 그걸 해준 걸 보면 누군가 널 예뻐했겠지."

"이 '곤지옷'[11]은 세자 엄마가 만들어줬어. 그 아줌만 물방앗간

---

10 Poongum
11 gonchi ote

20

옆에 살아. 나 땜에 뼈다귀들을 파고 있어.”

“뼈라고! 어떤 뼈? 누구 뼈?” 선교사는 야릇한 미소를 살짝 지으며 물었다.

“할아버지 꺼.”

“무슨 말인지 정말 모르겠네. 세자 엄마가 할아버지 묘를 파헤쳤단 말이야?”

“힘들 때 할아버지 묘를 파면 운이 바뀐다는 걸 아줌만 모르나?” 아이가 대답했다. “미국 사람들은 그걸 모르다니 웃긴다. 세자 엄만 죽은 할아버지를 흔들어 깨우면 내가 그 양반 어른한테서 도망치는 걸 도와준댔어. 그래서 지금 그러고 있는 거야.”

아이는 제 엄마가 언덕을 올라오자 하던 말을 갑자기 멈췄다. 무당은 팔을 이리저리 흔들며 아이를 향해 고함을 내질렀다. “사랑아, 그 양도깨비한테서 떨어져라. 안 그러면 그년이 네 눈알을 뽑아 버린다.”

아이는 분을 못 이겨 머리를 풀어헤친 여인을 보더니 이방인을 향해 몸을 돌리며 그 자리에서 호소했다. “아줌마랑 가고 싶어.” 아이는 나직하게 말했다. “난 그 양반 어른과 그 집이 무서워. 날 데려가 줘.”

미국인은 팔을 벌렸고 아이는 그녀를 향해 뛰었다. 그녀는 아이의 검은 머리에 자신의 얼굴을 살며시 갖다 대면서 자그만 몸을 꼭 안아줬다. 두 개의 가녀린 팔이 긴장해서 딱딱하게 굳은 채 그녀의 목을 간절하게 포옹하는 자세로 움켜잡았다.

"난 그 양반 어른 집에 가기 싫어." 아이가 되뇌었다. "나도 다른 여자애들같이 등에 애기를 업고 싶어. 아줌마 날 사지 않을래? 난 마루도 닦을 수 있어, 그럼 내 강아지 쫑[12]이도 우리와 함께 살 수 있겠지."

점쟁이 무당이 질러대는 협박 소리와 서양인의 출현에 마음이 혹한 동네 사람들이 이들을 둘러쌌다. 과거 왕조[13]의 지방관 격인 노인이 가마에서 내리더니 가마꾼들한테 길옆에 대기하라고 명령했다. 그는 티 한 점 없는 흰 비단옷에 검정 갓을 쓰고 있었는데, 갓은 호박이 달린 검정 비단 줄로 턱에 매어져 있었다. 그는 점잖은 자세로 선교사에게 다가섰다.

"처음 뵙는 것 같소이다." 그는 정중하게 머리를 굽히며 말했다.

"저도 마찬가집니다." 미국 여자는 인사에 응했다. "전 바다 건너 미국에서 온 여잡니다. 제 한국 이름은 서부인[14]이고요. 전 전라도

---

12 Chung
13 past régime : 일제 이전의 조선을 가리키는 말.
14 Suh Pueen

방림지역[15]에 삽니다."

"미국 말이 한국 말과 같다니 참 기이한 우연이외다. 허나 이는 우리나라가 유명하다는 또 다른 증거겠지요. 이 조선 아인……당신은 이 애가 맘에 들어 딸로 삼을 겸 집에 데려가는 게지요?"

"나리, 전 애를 좀 전에 만났답니다. 이 아이 엄마가 앨 유곽집 주인한테 팔았답니다. 저 애는 나한테 보호해달라고 사정을 했죠. 이렇게 난처한 때 조선의 법은 어떤지요?"

"우리 유서 깊은 제국의 법이 여자에 대해서 할 말이 뭐가 있단 말이오?" 지방관은 대답했다. "성인(聖人)이라면 여자로 인해 왈가왈부하지 않소."

"하오나 이 애를 구할 아무런 방도가 없단 말씀인가요?"

"먹고 입을 게 그득할 터인데 그런 곳에서 아이를 누가 일부러 데려가겠소이까?"

이처럼 투박한 물질주의와 야만적 인생관에 서부인은 혐오스럽다는 반응을 몸으로 보이며 돌아섰다.

"허나 아이는 앞으로 노예보다 나을 게 없고 아이가 발 디딜 인생은 바로 지옥이죠."

---

15 the city of Pang Nim in the province of Chulla : 현재 광주의 방림동.

"맞소이다. 그러나 당신이 뭘 어쩌겠소? 그게 이 땅의 관행이오. 아이는 계집일 뿐이오."

"그게 인정에 대해 성인들이 가르친 전부인가요? 우리 주님은 영혼이 육체보다 더 귀중하다고 가르쳐주셨죠. 그리고 주님한테 이 아이는 지금까지 태어난 어떤 사내애보다 소중하답니다."

"태양 아래 늘 새로운 게 있는 법이오. 미국의 법도는 참 기이하오이다." 노인은 대답했다. "꽤 힘들 거요. 애를 구해내는 게 넌더리 날 거란 말이오. 어쨌든 행운을 비오. 난 가던 길이나 가겠소이다. 틈나면 두이 마을[16]을 찾아주시오. 당신의 미국 얘길 듣고 싶어 할 친구들이 많소이다. 그럼 편안하시오." 지방관은 가마를 타고 가던 길을 계속 가기 위해 두루마기[17]를 걷어 모은 다음 근엄한 걸음으로 언덕을 휘청휘청 내려갔다.

점쟁이 무당은 놀려먹느라 깔깔거리며 웃었다. 상황이 전적으로 자기한테 유리했기 때문이다.

"앨 놔줄 테야?" 무당은 조롱하는 투로 말했다. "당신 말은 길 저 아래쪽 나무에 묶어뒀어. 빨리 타고 여기를 뜨면 별 탈이 없을

---

16 Twee Mal
17 tourrimaggie

거야. 사랑아, 넌 이리와."

사랑이는 심술궂은 노파를 빤히 보더니 미국인 쪽으로 돌아섰다.

"엄만 날 싫어해." 아이는 슬프게 말했다. "엄만 양반 어른한테 날 팔았는데 그 사람은 악마야. 제발 날 데려가 줘. 세자 엄마한테 다시 데려다 줘."

서부인은 애를 자기 뒤로 밀었다. 그리고 분노한 무당과 마주 섰다.

"당신 애는 유곽 주인의 노예가 돼선 안 돼." 그녀는 퉁명스럽게 말했다. "아이를 방림으로 데려 갈래요."

"안 돼. 돈을 몽땅 내놓지 않으면 안 되지."

"유곽 주인이 준다는 돈은 얼마였나요?"

무당의 얼굴 주름은 잔머리를 굴리며 싱글싱글 웃는 웃음 때문에 더 깊이 패었다.

"200원[18]이지."

"난 지금 그 만한 돈이 없어요."

"그럴 줄 알았어. 댁을 보면 눈이 피곤해. 댁이 말을 하면 귀가 아프고. 내 눈 앞에서 사라져."

노파는 외국인을 옆으로 밀면서 아이의 어깨를 잡더니 여우처

18 yen

럼 날렵하게 사랑이를 끌고 소나무 숲 속으로 몸을 날렸다.

서부인은 무당이 깊은 숲 속에서 나오는 것보다 더 빨리 길에 가 닿으려고 언덕을 달려 내려갔다. 그녀는 큰 길에 닿자 멈춰 섰다. 귀에 익은 말울음 소리가 들려왔기 때문이다. 그녀는 말이 묶여 있는 곳으로 뛰어가 비단결 같은 말의 목을 팔로 감싸더니 말의 갈기에 얼굴을 파묻었다. 거친 털이 뺨을 스쳐가는 느낌이 좋았다.

"진저[19]야, 날 좀 도와줘. 아무 생각이 안 나. 내가 저 노파를 속여 넘기지 못하면 저 여자 애는 끝장이야. 뭔가를 빨리 해야 돼. 애가 오늘이든 내일이든 그 집에 들어서면 안 돼. 하지만 애를 어떻게 구해낼지 정말 모르겠다."

진저는 곱고 보드라운 코를 그녀의 손에 대고 비비더니 순종 말답게 안절부절 못하며 바닥의 자갈을 앞발로 차냈다. 말은 이렇게 꾸물대는 것을 참을 수가 없었다. 방림으로 가는 길을 달리고 싶었다. 여자는 깊은 생각에 잠겨 잠시 말 옆에 서 있다가 웃음을 터뜨리며 활기가 넘치는 젊은 몸을 안장을 향해 날리더니 신이 난 진저를 달려가게 했다. 장터에서 집으로 가던 행인들은 옆으로 흩어지며 이 용감한 기수에게 길을 내주었다. 저 멀리 떨어진 곳에서

---

19 Ginger : 말 이름.

또각또각 끊어지는 시끄러운 말발굽 소리가 큰 길을 따라 내려오자 지방관의 가마를 멘 네 명의 가마꾼이 주춤거리던 걸음을 갑자기 멈추었다. 노인의 검정 갓이 가마의 가리개를 열자 큼지막한 목소리가 위세를 떨치며 갑자기 멈춘 이유를 물었다.

"나으리, 그 외국 부인이 이쪽으로 말을 달려오고 있습니다."

"서라고도 안 했잖아. 그 여자 때문에 갑자기 멈추는 바람에 뱃속이 다 울렁거리고 팔꿈치는 멍들 뻔했단 말이야. 멈추지 말았어야지." 그는 성깔을 부리며 말했다. "계속 가란 말이다."

가마꾼들이 가마 받침대를 들기 위해 몸을 굽혔지만 다시 출발하기 전에 말 탄 여자가 가마 옆으로 다가섰다.

"나리," 그녀는 서둘러 말했다. "나리 도움이 필요합니다. 저는 제 엄마가 노예로 팔아넘기려는 저 어린 것을 맡기로 결심했습니다. 모녀는 지금 길을 따라 내려오고 있는데, 좀 있으면 여기 당도할 겁니다."

노인은 가마에서 내리더니 다리를 쭉 뻗어보았다. 그리고 갈색으로 조금 드러난 맨살 일부를 가리기 위해 비단 솜바지를 짤막한 윗저고리에 가 닿게끔 신경질적으로 추어올렸다.

그는 외국인 앞에서 자존심이 충분히 확인된 상태에서 "그래 어쩔 셈이요?" 하고 물었다.

“전 돈이 없어요.” 미국 여자는 말했다. “하지만 저의 이 손목시계를 애 엄마한테 전해주시면서 시계를 받는 대신 아이를 저한테 넘기는 게 좋을 거라고 말씀해주셨으면 해요. 만약 응하지 않으면 전 이걸 주재소에 알린 다음 아이를 위해 할 수 있는 모든 일을 벌일 작정입니다. 난 아이를 구할 때까지 정말 가만히 있지도 않을 거고, 그 여자를 가만 내버려두지도 않을 겁니다.”

미국제 손목시계를 보자마자 노인의 눈에 호기심이 번뜩였고, 그의 손은 탐나는 물건을 순식간에 거머쥐었다. 그는 시계를 차는 데 혼자 골몰하더니 어린애처럼 기뻐하며 팔에 딸깍 소리가 나게 채웠다.

“그 할망구가 나쁜 사람이란 걸 모르는 사람은 없지.” 그는 잘라 말했다. “그리고 내 가마꾼들이 아이를 어미한테서 데려올 거요. 걱정 말고 말을 계속 모시오.”

진저의 고삐를 늦추는 동시에 말을 몰아 서부인은 계속해서 길을 빠른 속도로 달려 내려갔다. 길을 돌아드니 거대한 참나무 아래였다. 네 명의 건장한 가마꾼에 둘러싸인 조선의 관리가 서 있는 곳에 무당과 사랑이가 도착했을 때 무슨 일이 벌어졌는지 선교사는 전혀 알 수가 없었다. 그러나 오래지 않아서 가마꾼 중의 한 명이 사랑이를 어깨에 태우고 그녀를 향해 뛰어내려 왔다.

“부인, 여기 있습니다. 애를 꼭 잡고 빨리 말을 모세요.” 가마꾼은 말했다. “할망구 무당이 저 뒤에서 큰 소동을 벌이고 있습니다요. 우리 쥔 나리가 협박당하고 있습니다요. 그 여잔 악마입니다. 소인넨 다시 가서 재미난 판을 구경해야겠습니다요. 마귀들이 길을 비켜, 가시는 길 평안하시길 빕니다요.”

미국 여자는 아래로 팔을 뻗쳤고, 남자는 조선의 어린 여자애를 그녀의 안장으로 들어올렸다. 아이는 잠시 숨을 죽였다. 아이는 자기 밑에서 꿈틀거리는 말의 커다란 몸이 느껴지자 겁에 질린 듯 작은 비명이 입에서 새어 나왔다. 아이는 침을 꿀꺽 삼키면서 안장의 손잡이를 잡고 힘을 주었다. 진저가 달리기 시작한 것이다. 선교사는 자기 쪽으로 아이를 가까이 끌어당긴 뒤 말을 다독거려주려고 몸을 앞으로 기울였다. 말의 뾰족한 귀는 주인의 말을 들으려고 뒤 쪽을 향했다. 진저는 알아들었다는 듯 고개를 끄덕이더니 전방을 향해 몸을 쭉 뻗치고 빠른 속도로 뛰기 시작했다. 몇 킬로미터 정도를 달려가자 기생집으로 들어가는 대문을 지나가게 되었다. 사랑이는 안장을 더 세게 붙잡았고, 분명 서부인 생각에 진저는 더 빨리 날아가려는 듯 몸을 던져 앞으로 내달렸다.

방림에는 그날 밤 늦게 도착했다. 작은 갈색 움막들의 초가지붕들은 희끄무레하게 길을 따라 복잡하게 뒤엉켜 그 속에서 서로 자리를 차지하려고 밀치며 싸우다가 결국 풍마에 시들어버린 건초 더미나 버섯밭처럼 보였다.

외국 여자는 말에서 내린 다음 부르르 떠는 진저의 목을 정말 장하다는 듯이 다독거려 주었다. 이제 짐은 덜어졌고, 긴장했던 신경은 느슨해졌다.

"진저야, 이제 우린 그 무당 여자와 유곽집 주인을 속여 넘긴 거지?" 그녀는 말했다. "이 애는 우리 거고 우리 함께 이 일을 끝까지 해내는 거야. 아, 정말 기분이 좋다! 이건 소가 달을 타고 넘은 격[20] 이지 않니? 나도 그런 기분이다."

"어두운데 나만 혼자 여기 위에 떼어났네." 사랑이가 소리를 내며 불렀다. "누가 와서 날 좀 받아줘."

"그렇구나." 서부인은 웃었다. "안장에서 손을 뗀 다음 나한테 몸을 떨어뜨리면 내가 받아주마. 사랑아, 넌 이제 걱정 없어. 여긴 네가 살 곳이다."

아이는 쥐었던 손을 풀고 발이 서부인의 손에 착 닿을 때까지 미끄러졌다. 그런 뒤 아이는 미국 여자의 목에 팔을 두르고 꼭 껴안았다.

---

20 "소가 달을 뛰어 넘었다."(The cow jumped over the moon)는 말은 자장가의 한 구절 이다. 가사 내용 중에 강아지가 웃고 포크가 수저와 함께 달아나는 등의 얘기도 있는데, 이 는 모두 기적 같은 일임을 서술자는 연상하고 있다.

"여긴 세자 엄마 집이야?" 아이는 속삭였다.

"아니, 여긴 방림 마을이다. 목이네[21]가 여기 산단다. 진저를 묶어놓고 동네 개들이 깰지 모르니까 살금살금 가자꾸나."

어스름한 별 빛 속에서 이들은 마을의 신이 깃든 나무가 드러낸 뒤틀린 뿌리들 사이를 비틀거리며 통과한 다음 폭이 좁은 다리를 하나 건넜다. 사랑이가 어둠 속에서 수줍은 손을 내밀었고, 그 촉촉하게 들러붙는 감촉에 형언할 수 없는 황홀감이 서부인의 핏줄 속을 짜릿한 느낌을 주며 흘렀다. 이들은 함께 대나무 사립문이 나올 때까지 담을 살며시 따라 걸었다. 사립문을 들어서니 방 세 개짜리 오두막을 둘러싼 터가 나왔다. 서부인은 가만히 불렀다. 나지막한 문이 바깥쪽으로 확 열렸다. 열린 문으로 고개가 내밀어지더니 서른다섯쯤 돼 보이는 여자가 잠을 자던 방바닥에서 내려선 다음 심야의 두 손님한테 다가왔다.

"뉘시우?" 그녀는 물었다.

"목이네, 혼자 있어요?" 미국 여자는 속삭였다.

"서부인이시우? 이 시간에 여긴 웬 일로?"

"쉿, 목이네. 이웃집들이 깨면 안 돼요. 이 앤 내가 목이네한테 데려온 애예요. 오늘 밤 목이네 집에서 좀 데리고 있어요. 이름은 사랑이야."

"부인, 한밤중인데 얼른 좀 들어와요." 목이네는 대답했다. "애가 참 예쁘기도 하네. 놀란 토끼같이 떨고 있네, 들어와."

목이네의 작은 방은 따스하고 깔끔했다. 그녀가 진심으로 반기는 말은 듣기에 좋았다. 사랑이는 그 즉시 목이네의 관심과 연민의 대상이 되었다.

"부인, 이 아이의 집은 어디고 누구 애죠?" 목이네가 물었다.

서부인은 "내 애죠."라고 대답했다. "내가 애를 샀어요. 오늘 밤은 더 이상 묻지 마세요. 댁을 믿고 맡깁니다. 목이네, 애를 돌봐줘요. 나가서 헤매게 하지 말고, 신경 좀 써줘요. 밤낮으로 지켜봐줘야 돼."

사랑이는 피곤하고 졸린 나머지 온돌 바닥에 몸을 눕히고 짤막한 노래를 흥얼거렸다. 서부인이 앉아서 팔로 품어주니까 아이는 새끼 고양이처럼 몸을 웅크리자마자 화난 빛이 번뜩이는 눈을 치켜떴다. "날 우리 엄마한테서 훔쳐온 게 누구지? 나쁜 남자들이야. 엄말 데려 와." 서부인은 몸을 굽혀 살며시 흔들어주었다. "엄마가 널 나한테 팔았단다."

"엄만 날 주인 남자한테 팔았어. 그치만 난 엄마가 좋아. 엄마를 데려와." 졸려서 발그레해진 상태였지만 아이의 간절한 표정에는 서부인의 가슴을 갑자기 찌르며 질투심을 불러일으키고 위축시키는 뭔가가 있었다.

"하지만 넌 애기들도 없는 무서운 집에 이제 안 가도 돼. 또 나 보고 널 데려가 달라고 그랬잖아." 서부인은 말했다.

"여자애로 태어나는 건 끔찍해. 내가 사내애로 태어났다면 엄마와 같이 살 수 있었는데. 엄만 날 못 팔아서 서운해 했나? 날 다시 찾지 않을까?" 자신을 향한 검은 눈의 조그만 얼굴에 서린 간절함에 서부인은 얼른 몸을 돌렸다.

"아줌마도 울고 있네. 아, 알겠다. 아줌마도 엄마가 보고 싶어서 속이 텅 빈 것같이 아픈 거지."

"사랑이가 알아 맞혔구나. 엄마가 늘 보고 싶지만 먼 바다 건너 편에 계신단다. 자, 잠든다고 생각해 봐. 따듯한 이불을 덮어 감싸 줄게. 그리고 내가 불러주는 걸 들어봐."

"이제 누워 잠이 듭니다.
주님 절 품어 주세요."

사랑이는 알아듣겠다는 듯 숨을 크게 내쉬고, 사람을 포근하고 달콤하게 해주는 아기 짓을 하면서 서부인의 뺨을 만지작거리다가

잠들 요량으로 몸을 눕혔다. 그러나 고른 숨소리가 아이의 잠든 상
태를 알려 주는 데는 한참 시간이 걸렸다.

외국 여자는 다시 목이네에게 아이를 보호할 책임을 맡기고 작
은 방의 문을 닫은 뒤에 밤길을 나섰다. 신령나무의 그림자 속에
서 그녀는 초가지붕을 머리에 얹은 나지막한 오두막을 되돌아보
기 위해 걸음을 멈췄다. 오두막은 희미한 별빛 아래 잿빛을 띠고
있었다.

"난 아이를 늑대로부터 살려냈다." 그녀는 혼자 말했다. "하지만
내 아인 아냐. 아직 엄마를 그리워하고 있어. 아침에 잠을 깨면 엄
마를 만지려고 따스하고 보드라운 손을 내밀겠지. 난 그 여자가
정말 싫어."

1년하고도 하루 동안 모든 일이 사랑이한테 순조롭게 돌아갔
다. 아이는 목이네를 좋아하게 되었고, 이제는 그럴 때가 됐다는
듯 그녀를 작은 엄마라고 부르게 됐다. 아이는 제 엄마에 대해서
는 한마디도 한 적이 없었다. 가끔 세자 엄마 얘기만 했다. 전혀 새
로운 삶이 아이 가까이에 와 있었고, 아이는 새 삶을 향해 꽃처럼
봉오리를 터뜨렸다.

어느 날 아침 목이네는 아이한테 빳빳하게 풀을 먹인 흰 무명

옷을 입혀 유치원에 데려 갔다. 목이네와 아이가 대나무 문을 밀치자 한없는 기쁨의 세계가 아이한테 펼쳐졌다. 튤립처럼 눈부신 색깔의 옷을 입은 애들이 마당에서 돌차기와 동채뽕[22]을 하고 있었고, 마당 저편으로 문이 초록색이고 창문에는 연꽃들이 활짝 피어 있는 흰 회벽 집이 서 있었다. 종이 울리자 애들이 초록색 문으로 들어갔다. 사랑이와 목이네는 그 뒤를 따라갔다. 사랑이는 열린 문에 서서 기죽은 표정으로 주변을 둘러보았다. 자기를 향해 내던지듯 들려오는 말이 있을지 걱정하며 아이는 손으로 얼굴을 가렸다. 그러나 정말 이상했다. 누구도 자기한테 얼굴을 찌푸리거나 자길 보고 도망가지 않았을 뿐 아니라 마녀 딸이라고 부르지도 않았던 것이다.

방은 밝았고 청결했고 바람이 잘 통했다. 스무 명의 아이들이 한낮의 어린 메뚜기들처럼 함께 뛰어 놀고 있었다. 사랑이는 고개를 숙이고 있었지만 그 광경이 전부 눈에 들어왔다. 한편으로는 놀라움의 빛이 가물거리듯, 다른 한편으로는 검은 눈동자들이 보내는 다정한 눈길에 화답하듯, 흐뭇한 기분이 사랑이의 머리에서 발끝까지 번져갔다. 아이는 그저 행복할 뿐이었다. 너무 수줍어서

---

22 Dong Che Pong : 정확하게 어떤 놀이인지 확인할 수 없음.

그날은 놀이판에 끼어들 수 없었지만, 그 뒤로 착한 애들과 함께 뛰어놀 기회가 찾아왔다. 그리고 가난했던 시절은 기억에서 사라졌다. 그렇게 즐거운 날들을 보내면서 사랑이는 어린애들의 예쁜 짓뿐 아니라 어린 시절 저지르기 마련인 미운 짓거리도 적잖이 몸에 붙게 되었다.

2

올가미

어느 날 아침 사랑이는 목이네를 따라 강가[23]에 식구들 옷을 빨러 갔다. 판판한 돌에 방망이로 두드려 빠는 식이었다. 목이네는 빨래를 다 하자 아이한테 조금만 놀다오라는 말을 남기고 집으로 돌아갔다. 아이는 어느 새 붉은 빛깔의 작은 무명 저고리를 벗어 발밑의 돌에 서투른 동작으로 두들겨 빨기 시작했다. 옷의 붉은 물감이 아주 재미있는 모양을 만들면서 물에 흔적을 남겼다. 사랑이는 재미있는 듯 키득거리다가 유치원에서 배운 한국 노래 한 소

---

23 지금의 광주천이었을 것으로 추정됨.

절[24]을 흥얼거렸다.

    "안 짱 께이 랄,

      안 짱 께이 랄,

      안 짱 께이 랄,

      쫑 께이 쫑 께이 랄."

사랑이는 목이네가 집으로 돌아간 뒤 시간이 한참 흘렀다는 사실을 깜빡 잊어버렸다. 저도 모르게 사랑이는 보면 볼수록 빨려 들어갈 듯한 그림의 한가운데 서 있었다. 아이의 발치에는 수백 년 동안 부딪히고 씻겨서 밋밋해진 돌 위로 맑은 물이 힘차게 흘렀고, 뒤쪽으로는 가볍게 날아갈 듯한 대나무 숲이 따스한 바람 속에서 초록빛 잎사귀를 흔들고 있었다. 아이의 보드랍고 통통한 팔이 빨래 방망이를 힘차게 들어 올렸다가 내리치는 동작을 반복했다. 아이는 완전히 저 혼자서 행복한 시간을 보내고 있었다.

---

24 한국 노래라는 표현은 우리 독자들한테 매우 어색하게 들릴 것이다. 이 작품은 영미 독자를 대상으로 한 것임을 기억할 필요가 있다. 더욱이 이어지는 노래는 한국 노래가 아니다. 어감상 중국어처럼 들린다. "An jang kay lal /An jang kay lal /An jang kay lal /Chong kay chong kay lal."

길을 따라 산보하던 어떤 한국 남자[25]가 이 장면을 보고 깜짝 놀라 뒤로 물러섰다. 그는 넉넉한 집안의 행색을 하고 있었는데, 아주 큼직하고 옅은 자줏빛을 띤 비단 바지가 발목께쯤에 청록색 대님으로 까다롭게 묶여 있었다. 버선은 푸른색 가죽 장식이 달린 흰 가죽신에 꼭 들어맞게 신고 있었다. 우윳빛 비단 적삼을 눈부신 붉은빛 공단 조끼가 덮고 있었고, 하늘색 비단 두루마기를 입고 있었다.

"바로 그 계집이잖아!" 그는 숨을 죽인 채 말했다. "꽃처럼 활짝 피었어. 괜찮은데! 제 어미가 나와 계약을 끝낸 고 녀석이 틀림없어. 내 꺼나 마찬가지이니 데려가야겠어."

그는 얼른 아이 앞으로 다가섰다. 푸르고 붉고 흰 옷의 빛깔이 흐르는 물에 비쳤다. 아이는 본능적으로 맑은 물에 비친 예쁜 무지개 색깔 쪽으로 조그만 손을 뻗치며 올려다보았다.

"사랑이!"

아이는 제 이름을 듣고 깜짝 놀라며 벌떡 일어섰다.

"난 네 삼촌이다." 남자는 부드럽게 말했다. "넌 날 모르지만 난 널 근사한 집에 데려다 주러 왔다. 넌 예쁜 정원이 딸린 기와집에

<hr>

25 여기서도 '한국'은 우리 독자한테 어색하고 불필요한 수식어.

서 살게 될 거다."

"난 아저씨를 몰라." 아이가 수줍기도 하고 놀라서 휘둥그레진 눈으로 말했다.

"너 어디 사니?" 낯선 남자가 물었다.

"작은 엄마랑 사는데, 우리 진짜 엄만 날 싫어해. 날 갖다 버렸어."

"불쌍한 녀석, 네 엄만 절에 있다. 널 데려오란다. 엄마가 이 반지를 손가락에 끼워주라고 줬는데, 널 떼어내고 마음이 찡했나 보더라. 널 데려오라고 했어. 나랑 갈래?"

흥분해서 두근거리는 마음으로 사랑이는 방망이를 떨어뜨리며 쪼글쪼글해진 손을 수줍게 내밀었다. 남자는 푸른빛 광택을 입힌 은반지를 아이의 손가락에 끼워주었다. 아이는 기뻐하며 꾸뻑 인사를 했다.

"엄마가 날 보고 싶어 하면 작은 엄마하고 서부인한테도 가보라고 해야지." 사랑이는 말했다. "강아지와 내 닭도 데려가 함께 살 거야."

"안 돼." 남자가 말했다. "집에 다녀올 시간 없다. 어서 따라와." 남자는 아이의 팔을 세게 움켜쥐며 자기 쪽으로 끌어당겼다.

아이가 깜짝 놀라 몸을 뒤로 뺐다. "집에 갈래. 놔, 아파. 엄마, 엄마." 아이는 미친 듯이 울부짖었다.

남자는 슬그머니 주변을 둘러보더니 주머니에서 손수건을 꺼내 아이의 입을 틀어막았다. 남자가 아이의 팔을 묶은 뒤 힘없는 몸 뚱이를 어깨 위로 들어 올리자 가녀린 신음이 한 차례 아이한테서 흘러나왔을 뿐이었다.

남자가 가뿐한 짐을 지고 덤불을 지나 대나무 숲으로 도둑놈처럼 사라지는 것을 본 사람은 아무도 없었다.

흰 빨래 방망이가 닳고 닳은 돌 위에 남아 있었고, 붉은 빛의 아이 저고리가 물을 따라 떠내려갔다. 까치가 날카롭게 우짖으며 근처 소나무 가지 사이를 갈팡질팡 날아갔고, 흰 토끼 한 마리가 진달래 덤불 속에서 가지 부러지는 소리에 놀라 옆으로 팔짝 뛰었다. 큰 길이 숲 가장자리를 따라 도는 좀 떨어진 곳에서는 반쯤 감긴 눈 위로 머리카락이 덥수룩한 짐꾼 한 명이 쉬기 위해 지게에서 팔을 빼고 앉아 있었다. 그는 등 뒤에서 긴 곰방대를 빼다가 귀를 기울였다. 누군가 숲 속에서 다가오고 있었기 때문이었다. 성냥불을 붙이다 말고 그는 놀라 곰방대를 떨어뜨렸다. 양반 같아 보이는 사람이 아이를 안은 채 높이 솟은 대나무 줄기 사이로 나타났기 때문이었다. 그는 들고 있던 아이를 내려놓고 짐꾼한테 다가왔다.

"자네 할 일이 없는 것 같군." 그가 말했다. "나 큰일 났네. 곰보 귀신이 우리 애 몸에 들어온 것 같애. 우리 애를 산속 불당에 데려가고 있다네. 애를 지게에 태워 5백 불상전에 데려다 주면 내 자네한테 2원을 줌세."

짐꾼은 곰방대를 상투에 찔러 넣으며 그러겠다는 웃음을 '씩' 지어보였다.

"자, 지게를 지고 힘 좀 줘봐." 양반은 명령조로 말하며 하늘색 두루마기로 사랑이의 힘없는 몸을 감싼 뒤 일꾼의 등에 얹힌 지게 바구니에 조심스럽게 실었다.

"애가 많이 아프네." 양반은 계속해서 말했다. "귀신들이 나한테 화가 난 것 같으니 내가 앨 어디로 데려가는지 사람들이 알아선 안 되네. 아무도 자넬 봐서는 안 돼. 자네가 애를 실어 나른다는 걸 길가는 사람들이 알아선 안 된단 말일세. 덤불을 충분히 뜯어서 아이를 덮어주게나. 귀신들도 자네가 시장에 내다팔 땔감을 지고 있는 것처럼 생각해야 하네. 난 재수가 없어서 큰 길로 가면 안 돼. 나와 함께 산길로 되돌아 가다가 강변길을 따라가세. 자, 앞서게. 내 뒤따름세."

무더운 그날 하루를 사랑이는 정신이 멍하고, 말도 못하고, 신음소리도 내지 못한 채 지게 바구니를 타고 갔는데, 저녁 무렵이 되자 사찰 구역이 눈에 들어왔다. 짐꾼은 논들 사이로 난 바닥이 미끄러운 논둑길을 걷다가 물살이 빠른 개천을 가로지르는 아치

형 다리 근처에서 걸음을 멈췄다. "나으리." 그는 지친 목소리로 말했다. "더 이상 못가겠습니다. 신발은 다 닳았고 뱃속은 텅 비었습니다요. 2원만 주시면 다리 건너 주막집에서 밥이나 좀 먹겠습니다."

"지금 가면 안 돼. 저기 저 마을로 약을 구하러 갈 테니 예서 좀 기다리게. 애는 건드리지 말고."

양반은 다리를 건넌 뒤 바지에 묻은 진흙도 털고, 흰 비단 저고리 소매도 추스를 겸해서 발걸음을 멈추었다. 깨끗한 옷이 더럽혀진 것은 정말 화가 났지만, 외국인 여자와 그녀의 계획을 물리쳤다는 만족감이 가늘게 뜬 그의 눈에서 빛을 발하게 했다.

짐꾼은 주저앉아 주머니에서 끈을 꺼내 짚신의 해어진 부분을 묶기 시작했다. 지게 안에서 꿈틀거리던 아이가 둥근 손을 바구니 가장자리 위로 내밀자 겁이 난 짐꾼은 눈이 휘둥그레졌다. 덤불을 걷어내자 그는 아이가 잠에서 깨어나 자기 몸을 휘감고 있던 두루마기를 걷어내고 몸부림치는 것을 보았다

"이 백정 새끼, 우리 애를 내려놔." 짐꾼 뒤에서 욕을 퍼부으며 꾸짖는 소리가 들려왔다. "애를 건드리지 말랬잖아. 잘못해서 죽기라도 하면 난 애 몸속의 마귀들한테 한없이 시달린단 말이야. 사랑아, 누워라."

아이는 짐꾼한테 짝 달라붙으며 몸을 일으키려고 했다. 양반 남

자는 안주머니에서 반짝이는 금속 튜브를 꺼내더니 아이 쪽으로 몸을 기울인 다음 바늘을 아이의 다리에 꽂았다. 아이의 몸부림이 약해지다가 가라앉더니 힘없이 축 늘어졌다. 아이의 눈은 애처롭게 호소하듯 짐꾼의 얼굴을 찾고 있었는데, 눈 깊숙이 서린 공포가 짐꾼으로 하여금 이에 화답하는 동정심뿐 아니라 이제 사태를 납득한다는 공명심마저 불러일으키게 했다.

짐꾼은 양반이 두루마기로 아이를 감싸고 다시 바구니에 싣는 것을 수상스럽다는 듯 지켜보았다. 아이가 침을 맞는 방식이 뭔가 수상쩍은 게 그의 굼뜬 마음에도 느껴졌던 것이다. 아이는 왜 소리도 안 지르고 침을 놓자마자 금방 스르르 무너졌을까? 아이는 저절로 잠드는 아이 같지 않고 토끼가 돌에 맞았을 때와 같은 동작을 했다. 짐을 지고 사찰로 출발하라는 명령에 지게 밑으로 몸을 굽히는데 듣기에 껄끄러운 말이 짐꾼의 입에서 새어나왔다.

3

사랑이 구출

사랑이가 목이네 집에서 실종된 며칠 뒤 서부인이 인근 지방으로 먼 여행을 갔다가 방림으로 돌아왔다. 서부인은 사랑이의 '작은 엄마'가 아이를 찾지 못하자 마룻바닥에 앉아 슬픔에 자포자기하고 있는 모습을 보았다. 그녀는 빨래터에서 마지막으로 보았을 때 사랑이가 입고 있었던 붉은색 저고리를 탐색대가 가져온 뒤로 아무것도 먹은 게 없었다. "호랭이가 물어 갔나봐." 그녀는 답답한 고통을 못 이겨 울먹였다. "아님, 도깨비가 애를 물속으로 꾀어 데려가 애 몸이 먼 바다로 흘러갔나. 난 이제 죽었어."

"목이네, 일어나서 날 봐요. 나 서부인이야." 선교사는 그녀를 향해 몸을 굽히며 말했다. "사랑이가 어떻게 사라졌는지 말해봐요."

“없어졌다는 것밖에 몰라. 물가에서 놀고 있었는데, 불러도 대답이 없었다우. 그 뒤로 보질 못했어.”

“어디까지 찾아봤죠?”

“마을 사람 전체가 나서서 강바닥도 훑고 숲도 샅샅이 뒤져보았지만 애의 저고리만 찾았다니까. 아이고, 아……이고. 서부인은 날 믿었는데, 난 그걸 지키지 못했으니. 용이 나타나 내 뼈라도 부숴버렸으면 차라리 좋겠구먼.”

“목이네 잘못한 건 이제 그만 걱정해요. 일어나서 나하고 갑시다. ‘쫑’이는 어디 갔지? 사랑이가 데려갔나?”

“그것도 이상하다우. 애가 없어지고 이틀 뒤 강아지도 없어졌어. 녀석도 물에 빠져 죽었나봐.”

“목이네, 신발 좀 튼튼한 걸로 찾아 신어요. 그리고 누구한테 목이네가 집을 비울 동안 좀 봐달라고 부탁하고. 우리 둘이 사랑이를 찾을 때까지 근처 마을을 하나하나 살펴봅시다. 우선 세자 엄마가 사는 마을로 가봅시다.”

“부인, 방금 생각난 게 있어요. 아마 거지들이 애를 찾아낼 수 있을지도 몰라요.”

그래서 떠돌이 거지들한테서 강변에서 빨래를 하다가 길을 잃고 헤매거나, 누가 강제로 데려갔을 거라는 얘기를 듣게 되었다. 서부인은 아이를 찾는 데 협조하면 돈으로 보상해주겠다는 약속을 했다.

며칠에 걸쳐 거지들이 여자애들 여러 명을 확인차 서부인 앞에 데려 왔지만 사랑이는 그 가운데 있지 않았다.

어느 날 저녁 서부인과 목이네는 이곳저곳 찾아 헤매던 중 낮은 산자락의 층진 논들 멀리 뒤쪽에 자리 잡은 촌락에 이르게 되었다. 이들은 그곳에서 얼굴은 붉게 상기되고, 옷은 풀어헤친 한 여자를 보고 깜짝 놀랐다. 마을 사람들은 빙 둘러서서 이 여자가 비틀거리며 이리저리 몸을 움직이는 광대 짓을 보고 웃거나 환호하고 있었다. 여자는 두 사람이 눈에 띄자 광대 짓을 멈추더니 이들을 향해 구르듯 달려와 심술 가득한 눈길로 쏘아보았다. 그러더니 다시 몸을 뒤로 날리며 팔을 치켜들고 소리를 질렀다. "저 양년이 내 애를 훔쳐갔어. 내 새끼 사랑이는 어딨나? 네가 훔쳐갔지. 내 너를 찾아 여기저기 다니다가 이제야 찾았다. 나한텐 돈이나 듬뿍 내놔. 안 그럼 눈을 확 뽑아버릴 테니."

"가만." 서부인이 명령했다. "사랑인 내 아이야. 난 더 이상 돈을 줄 수 없어요."

"저 도둑년, 양년 도깨비 마귀! 우리 애를 훔쳐갔다니까." 여자는 이제 계속해서 깨지는 소리를 질러대며 아무 것도 모르는 마을 사람들한테 호소하고 있었다.

목이네는 미국인 옆으로 가서 속삭였다. "서부인, 이 마을엔 저 여자를 감싸주는 주인이 있어. 우리가 위험해. 저 무당은 이 동네 사람들을 좌지우지한다고. 사람들은 저 여자가 귀신을 불러낸다고 생각한다니까. 아마 우리한테 돌을 던지라고 선동할 거야. 여길 빨리 떠야 돼. 저기 첫 번째 언덕을 넘어가면 오래된 절이 있어요. 그 절엔 서쪽 벽으로 난 작은 문이 하나 있다우. 거기만 가면 스님들이 우릴 숨겨줄 거야."

술에 취한 여자는 계속해서 춤을 추며 애를 내놓으라고 고함을 질러댔다. 그리고 몸을 빙글빙글 돌리고 팔을 미친 듯이 사방으로 흔들며 계속 따라오는 것이었다. 여자의 열정적인 몸짓이 사람들의 마음을 움직이기 시작했다. 사람들의 표정이 적대감으로 굳어지면서 못마땅한 시선들이 외국인을 향했다. 두 여자는 마을 사람들을 마주한 채 언덕을 향해 천천히 뒷걸음질하기 시작했다. 하루해가 저물어 땅거미가 이들 주변에 짙어지고 있었다. 이들은 마을 사람들이 달려들기 전에 첫 번째 숲 너머에 있는 소나무와 참나무 그늘까지만 가면 안전하다고 생각했다. 이들이 무리를 형성했다고 해보았자 귀신이나 악귀나 요귀들이 어둡고 무서운 그늘 속을 떠도는 곳까지 따라오지는 않을 것이기 때문이다.

"더 빨리 가야 돼요. 이제 돌아서서 뜁시다. 사람들이 거의 다

따라왔어요." 목이네 말이 끝나자마자 돌멩이들이 우르르 이들을
향해 날아와 쏟아졌다. 머리 위쪽에서는 돌들이 휙휙 날아가는 소
리가 들렸고, 발밑 단단한 맨땅에서는 달그락거리는 돌멩이 소리
가 들렸다. 어떤 돌들은 논의 물속으로 떨어지면서 흙탕물을 공중
으로 튕겼다. 목이네는 어깨가 찢어지는 통증을 느꼈고, 이마에 멍
이 들었다. 그러나 미국 여자가 얻어맞고 땅에 무릎을 꿇은 것을
훨씬 더 불안해했다.

"아 서부인, 다쳤군요." 한국 여자는 자기 친구를 팔로 소중한
것을 감싸듯이 자기 몸을 밀착시켰다.

"관자놀이에 돌을 맞았는데 눈이 잘 안보여요." 부인은 힘없이
말했다. "하지만 괜찮을 거야. 날 좀 일으켜 줘요. 그리고 정신 차
리고. 목이네, 여기서 무너져서는 안 돼. 내 손을 잡아줘요. 저길
향해 뜁시다. 사람들이 또 달려들기 전에 언덕에만 닿으면 돼."

그러나 이 말을 하자마자 돌들이 또 이들의 머리 위를 스쳐갔
다. 그리고 무당의 찢어지는 소리를 따라 사람들의 듣기 싫은 목소
리들이 이어졌다. 서부인은 목이네의 팔을 잡고 함께 고지를 향해
뛰었다. 이들 앞의 좁은 길은 양쪽에 논을 두고 가파르게 층이 져
있었다. 이들은 울퉁불퉁한 땅 때문에 미끄러지고 넘어졌다.

속도가 처지자 난감해진 이들은 숲 가장자리를 향해 넓게 뻗어있

는 지형 어디에 숨을 만한 곳이 있으리라는 기대감에 눈을 가늘게 뜨고 살펴보았다. 위험하기도 하고 모욕을 당할 것 같기도 한 와중에 두 여인한테 떠오른 것은 신의 존재에 대한 절대적 의식이었다. 그것은 신이 저들을 막아주시고 우리를 보호해주실 것이라는 확신이었다.

이렇게 마음을 먹고 나니 이들은 가물가물 반짝이는 불빛들이 열을 지어 희미하게 어스름을 뚫고 나타나 산기슭을 이리저리 따라 움직이거나, 천천히 박자를 맞춘 북소리가 길게 공허한 소리를 내도 놀라지 않았다.

"부인, 절의 스님들이라오. 불교 스님들." 목이네가 속삭였다. "이제 도망갈 필요 없어. 잠깐 멈추고 뒤를 한번 봐요."

성난 동네 사람들이 불규칙하게 열을 지어 이동하고 있었다. 사람들의 고함과 으르렁 소리를 덮어씌우기라도 하듯 무당이 귀에 거슬리게 기분 나쁜 주문을 찢어지듯 내뱉고 있었다. 몰려 움직이던 무리들이 갑자기 멈추었다. 이들도 불빛의 움직임을 보았고, 둥둥거리는 북소리도 들었기 때문이었다.

어둠이 짙어지면서 손에 등을 든 승려들이 소나무 숲을 지나 산자락의 장지를 향해 죽은 동료를 옮기는 중이었는데, 마을 사람들이 멈춰 선 것은 바로 시신 위를 어른거린다는 귀신에 대한 공포가 뼛속에까지 전율을 느끼게 했기 때문이었다. 무당이 미친 듯이 빙글빙글 돌던 동작을 멈추면서 찢어지듯 들려오던 가락이 그녀의 입에서 잦아들었다.

마을 사람들 무리는 갑자기 오합지졸로 변해 흩어졌다. 이들은 모두 수많은 혼령들이 영혼이 떠난 육신 위로 솟아올라 눈에 띄는 대로 누구든 움켜잡고 괴롭힌다고 철석같이 믿고 있었다. 그래서 작은 불빛들이 이들 각자의 따스한 움막 위치를 가리켜주는 마을로 급히 서둘러 가려고 했던 것이다.

논 위를 쏜살같이 내달리는 지저분한 흰 옷 차림은 우왕좌왕하는 마을 사람들의 무리 속에서 이제 혼란에 빠진 무당이었다.

"목이네, 끝났어." 서부인은 조용히 말했다. "내 손을 잡아요. 중들이 돌아오기 전에 언덕까지 가야 해. 난 이제 기운을 차렸어요. 통증도 사라졌어. 저 노파가 사랑이의 못된 엄마야. 그리고 애가 어디 있는지 알고 있을 거야. 아 목이네, 난 애를 찾아야 돼. 어린 사랑이, 초록색 치마에 붉은 저고리를 입힌 그 앤 한 송이 튤립 같았어. 기생집 주인한테 애가 넘어가면 안 돼. 목이네, 난 애가 저 마을에 있는 것 같애."

"부인, 내가 오늘 밤 저 마을로 가볼게." 목이네가 대답했다. "난, 대나무 문으로 몰래 들어가 굴뚝 옆에 숨어 있을 방법을 알아. 그럼 누군가 말을 해주겠지. 그럼 사랑이가 어디 있는지 알게 될 거야. 내가 돌아올 때까지 여기 숲 속에서 기다려줘요."

목이네의 부축을 받고 어두운 숲 그늘 속으로 들어가면서 서부인의 팔은 파르르 떨렸지만, 절제된 침착한 목소리로 목이네한테 마을로 내려가라고 일렀다. 목이네[26]는 소나무 사이를 소리없이 미끄러지듯 통과해서 논들 사이에 난 길로 내려갔다. 선교사는 이끼와 솔잎들이 섞인 부드러운 잔디 위에 무릎을 꿇고 앉으며 기도했다. "저희를 불쌍히 여기시는 아버지시여." 그녀는 기도했다. "아이를 잃었습니다. 팔려서 노예가 됐는지도 모릅니다. 예수님, 그 아이가 지금 사치와 현란한 죄악의 옷을 입힌 노리갯감으로 앉아 있다면 영혼이 타락하기 전에 주님이 데려가 주십시오. 아이가 붙잡혀서 새장에 머리를 부딪히는 종달새 신세라면 주님, 목이네가 아이를 찾도록 인도해주소서."

밤바람이 그녀의 이마를 식혀주었고, 솔잎 향기와 이끼의 부드러운 감촉이 그녀의 감각에 음악처럼 스며들었다. 살랑거리는 날개들이 밤에 내는 소리, 졸린 것들이 붕붕거리거나 색색거리는 소리가 달콤하고 그윽한 정적과 화음을 선사해주었다. 걱정은 신뢰로 바뀌었고, 신의 존재가 그녀를 차분함과 평화로 감싸주었다. 나

---

26 여기서 원문은 'the korean'이라고 되어 있지만 목이네라고 바꿔 표기함.

방 한 마리가 그녀 가까이 날아왔는데, 먹이를 찾는 녀석의 촉수가 더듬거리는 동작을 느낄 수 있었다. 그리고 박쥐 한 마리가 여름 공기를 가르며 날아갔다. 마법에 홀린 듯한 밤 시간과 밤의 살아 있는 생명들의 매혹적인 화음이 찌르듯 그녀를 놀라게 했다. 이때 가볍게 나뭇가지 부러지는 소리와 은밀한 발자국 소리가 침묵을 깨뜨렸다. 그녀는 무섭지는 않았지만 자신 혼자만의 시간이 침범 당했다는 사실이 짜증났다.

"부인!" 남자의 나직하고 거친 목소리가 속삭였다. 그녀는 일어섰다.

"뉘시오!" 그녀가 물었다.

"전 김성유[27]라고 합니다. 사랑이가 어딨는지 알려드릴 수 있습니다."

부인은 놀라면서 몸을 기댈 곳을 찾는 것처럼 어둠 속으로 손을 내밀었다. 강하게 대답하는 그녀의 목소리는 떨렸다. "거짓말 마요. 사실을 말해봐요. 사실을 아는 대로 빨리 말해봐요."

남자의 형체가 어둠 속에서 눈에 보이게 되었다. 남자는 공포와

---

[27] Kim Sung Eudie : 유디(Eudie)의 '디'는 아마 방언 어조사인 것 같은데 저자는 이것까지를 이름으로 착각한 것 같다.

흥분으로 몸을 떨고 있었다.

"숲 속의 절로 함께 가시지요." 그는 중얼거리듯 말했다. "스님들은 저기 낮은 언덕 무덤들 사이에 있죠. 그들 중 한 명이 오늘 아침에 죽었습니다. 흰 옷이 있으면 저한테 주세요. 오늘 밤 귀신들이 떠다니고 있어서 여기 나무들에 부적을 달지 않으면 우릴 따라올 게 틀림없어요."

"애에 대해 말해줘요. 기생들 집에 있나요?"

"저기 계곡 아래 반짝거리는 두 개의 불빛이 보이나요? 저건 호랑이 눈입니다. 대단한 놈이 거기 있죠. 그 놈은······."

"그런 걸 믿다니 어리석군요. 난 사랑이가 어딨는지 지금 알고 싶어요. 그걸 말해줄 때까지 한 발자국도 뗄 수 없어요."

"그럼 부인은 그 애를 절대 찾지 못할 거요. 승려들이······."

"저 승려들은 당신처럼 바보들이야. 거기 떨며 서 있지 말고 사람들이 누구 집에 사랑일 숨겨 놓았는지 말해줘요." 그녀의 목소리는 흥분으로 높아졌고, 그녀의 기운은 짐꾼이 내놓은 희망 덕택에 되돌아오고 있었다.

"승려들은 부인 말대로 바보일지도 모르죠. 부인, 허나 그들은 큰 부엌에 먹을 게 그득합니다. 사랑인 하루 세 번 쌀밥과 고기[28]를, 그것도 아주 많이 먹고 있죠.”

“사랑이가 저 절에 살고 있단 말인가요? 나한테 그걸 말하러 왔어요?” 미국 여자는 키가 껑충한 묘목에 팔을 두르며 몸을 기댔다. 정신을 차리고 두근거리는 마음을 진정시키기까지 시간이 좀 걸렸다.

“아이는 거기 있습네다.”

“무사한가요? 다치지는 않았고요?”

“전 이쪽으로 온 뒤부터 그 애 방 문 밖에서 잠을 잤지요. 그러나 오늘 밤 자정, 애를 기생집으로 데려갈 겁니다. 그래서 부인이 사는 마을을 찾을 수 있을지 알아보기 위해 달려 나왔습지요. 그런데 오늘 밤 착한 귀신들도 돌아다니나 봅니다. 부인을 여기서 만났으니 말입니다.”

“하느님, 고맙습니다.” 선교사는 작은 목소리로 말했다. “저를 지금 좀 도와주십시오. 저를 파멸로 이끌지 마시고 이 가련한 아이를 구해낼 수 있도록 힘을 주십시오.”

“절에는 어떻게 가게 됐나요? 누가 데려간 거죠?” 그녀가 물었다.

---

28 절에 고기가 있다는 건 난센스다.

“그 아일 데리고 있던 사람은 애가 자기 딸이라고 그러더군요. 전 애를 지게에 지고 갔죠. 아이는 잠 들었지만 곧 깰 겁니다. 그 남잔 이제 절 믿지 않아요. 날 정말 의심하고 있어요.”

“김성유 씨, 전 당신을 믿습니다. 당신은 내 친구예요. 사랑이에 대해 말해봐요. 그 앤 내 자식이나 마찬가집니다. 방림에 있었는데 누가 앨 훔쳐간 거야. 절 좀 도와줘요. 어떻게 하면 애한테 갈 수 있을지 어서 말해줘요.”

“몇 시간 안 있으면 애 엄마가 절의 쪽문에 나타날 것이고, 양반이 사랑이를 여자 등에 업혀줄 겁니다. 전 사랑이 때문에 맘이 편치 않습니다.”

“애를 걱정해주는 이유가 뭔가요?” 서부인은 갑자기 의심이 나서 말했다.

“제가 애를 이곳에 데리고 왔죠. 그래서인지 귀신들이 내 머리에 붙어 있어요. 애를 방림으로 되돌려 보내지 않으면 전 편치도 않고 죽은 목숨이나 마찬가지 신세입니다.”

선교사는 잠시 손으로 얼굴을 가렸다. 그러고 나서 말했다. “내 말을 들어요. 마을로 내려가서 나와 함께 왔던 목이네라는 아낙을 찾을 때까지 이집 저집 물어봐요. 만나면 당장 여기로 오라고 일러줘요. 그리고 사랑이가 절에 있다는 말도 해주고.”

“갑니다, 부인. 허나 마귀들이 절 붙들지도 몰라요. 부인한테 흰 종이 조각들 좀 있나요? 저쪽 내리막길에 뿌려 놓으면 마귀들이 절 쫓아오는 대신 그 종이 조각들을 쫓아갈 텐데.” 짐꾼은 언덕을 달려 내려가면서 정말 공포에 사로잡혀 있는 것 같았다. 그가 상상하기엔 귀신, 혼령, 도깨비들은 어둠 속이면 어디든 숨어 있을 것 같았기 때문이었다.

서부인은 울퉁불퉁한 길을 비틀대고 걸으며 산사 쪽으로 방향을 돌렸다. 길은 잘 안 보이고, 쫓겨 다닌 탓에 진이 빠진 상태였지만 사랑이를 구출한다는 생각에 가는 길이 한결 쉬워 보였다.

어둠 속에서 서부인은 갑자기 산사를 둘러싼 높은 담장과 마주쳤다. 문이나 입구를 찾기 위해 꺼끌꺼끌한 담벼락을 더듬거리는데 어디선가 어린애가 부르는 노래 가락이 들려왔다. 노래의 가사는 다음과 같았다.

“예수 사랑하심은 거룩하신 말일세
우리들은 약하나 예수 권세 많도다.”

서부인은 벽에 몸을 기대고 다시 들어보았다. 그건 분명 사랑이 목소리였다. 그녀는 아이가 무척 가까이 있다고 생각하니 절로 웃음이 나왔다. 그녀는 너무 흥분한 나머지 심장의 박동 소리가 아이의 가녀린 목소리를 거의 삼켜버릴 정도였다.

잠시 침묵이 이어지다가 목소리가 다시 높아졌다. 아이는 산사의 담장 안에 갇힌 죄수가 분명했다.[29] 미국 여자는 높은 돌담을 따라 입구로 보이는 모퉁이까지 살금살금 다가갔다. 하인들이나 부엌 일손들만 드나드는 쪽문인 것 같았다. 그녀는 돌계단에 올라 문 걸쇠 끈을 가만히 잡아당겼다. 문은 잠겨 있었다.

선교사는 담 옆에서 몇 시간을 기다린 느낌이었는데, 풀섶을 스치는 가벼운 발걸음 소리가 적막한 분위기를 깨뜨렸다.

목이네가 서둘러 다가왔다.

"부인." 목이네가 속삭였다. "짐꾼한테 들었어요. 사랑이는 바로 가까이 벽 너머 대웅전에 있어요. 마을의 기생집 종이 기생집에서 오늘 밤 애를 데리러 올 거라고 그러더군요. 허나 사랑이를 데려가게 내버려둘 순 없죠."

"목이네, 들어봐. 무슨 소리 같애?"

노래는 멈췄지만 가만히 서 있다가 목이네가 속삭였다. "숨 쉬는 소리 같은데. 옆에 분명 누가 있어요." 목이네는 계단을 따라 어

---

29 불교의 산사를 감옥에 비유하고 있다. 기독교의 이념에 역행하는 불교라는 의미.

둠 속에서 길을 더듬었다. 그리고 서부인한테 돌아왔다.

"저기 어두운 곳 계단을 따라 올라가니까 비렁뱅이 애가 있어요." 목이네가 말했다.

"아냐, 목이네. 잘못 안 거야. 아마 절에서 일하는 하인들 중 한 명일거야. 다시 들어봐. 저 노래를 들어보라고."

벽 너머에서 슬픈 곡조가 다시 들려왔다.

"예수 사랑하심은 거룩하신 말일세"

"우리 새끼, 종달새네." 목이네가 흥분해서 말했다. "바로 저기 있군. 이걸 어째, 너무 좋으면 이렇게 숨이 턱 막히고 혼이 빠져 달아날 것 같은가? 문을 부수고라도 아일 구해야지."

"가만, 목이네. 소릴 내선 안 돼요. 애를 데려간 남자도 벽 저쪽에 있어요. 아참, 짐꾼도 같이 왔나요?"

"데려왔지만 오늘 밤엔 써먹을 데가 없을 거 같애. 얼마나 겁이 많은지 이빨이 딱딱 맞부딪치고, 숲을 지나는 동안 줄곧 무릎도 떨던 걸요."

"여기로 오라고 해요."

희미한 빛 속에서 나타난 짐꾼은 정말 처량해 보였다. 얄팍한 흰 삼베로 만든 바지를 허리에 둘러 묶었는데, 사지가 가늘어서 움직일 때마다 헐렁거렸다. 역시 삼베로 만든 저고리는 바지와 제대로 맞닿지 못할 정도로 짧았는데, 수척한 골격을 그대로 드러내고 있었다. 상투를 튼 긴 머리는 얼굴과 목으로 헝클어져 있었고, 눈은 새까만 흑옥처럼 빛을 발하고 있었다.

"김성유 씨, 내 말 잘 들어요." 서부인이 진지한 어투로 말했다. "허공을 떠다니는 악귀들을 다스리는 위대한 주님이 계십니다. 전 그분의 전령이고, 그분은 지금 바로 제 곁에 계십니다. 전 그분한테 오늘 밤 당신을 괴롭히는 악령들을 쫓아내라고 부탁드릴 겁니다. 당신이 무서워하지 말고 제가 말하는 대로 따라 하라는 뜻에서죠. 우린 사랑일 저 나쁜 사람과 못된 무당 엄마한테서 빼낼 거예요. 애는 절 어느 쪽에 있는 거죠?"

"대웅전 뒤쪽 골방에 있습니다요." 남자가 대답했다. "거길 디디면 마룻바닥이 삐걱거리고 문이 열리면 종소리가 나죠. 언젠간 문을 지키는 거인상이 창을 들어올리는 걸 봤습죠."

"정말 그랬겠죠. 그런데 그 양반 나리는 어딨나요?"

"5백 불상을 모신 방 건너 사랑방입니다. 온돌방에서 자고 생선과 고기를 가져다 먹어요."

"그럼, 댁은?"

"저는 부엌이죠. 제 코는 음식 냄새를 아주 잘맡죠. 김이 무럭무럭 나는 쌀밥에 김치에. 하인들이 일곱 채의 산사(山寺) 바닥을 쓸고 닦는 걸 돕고 있습니다."

"사랑일 여기까지 업어서 데려왔죠? 왜 그랬나요?"

"양반 나리가 무서웠습니다요. 그래서 시키는 대로 했죠. 허나 아이를 기생집으로 데려간다는 말을 문지기한테서 들은 뒤로 속이 뒤틀리고 귀신들이 절 가만 놔두지 않을 것 같아요."

"위험할지 모르지만 앨 그 양반한테서 구해내는 데 도와줄 수 있나요?"

"보잘것없는 목숨입니다. 난 죽은 거나 마찬가지죠. 부인이 시키면 따라 하겠습니다."

"저기 계단 위 출입문 열쇠를 갖고 있나요?"

"예, 그 양반이 저한테 주더군요. 오늘 밤 애를 절에서 데려가 제 어미한테 넘겨주는 걸 돕기로 했기 때문이죠. 그 여잔 애를 기생집으로 데려간답니다. 그 여자 아니면 애를 거기에 데려갈 수가 없습니다. 안 그럼 순사들이 잡아가니까요."

목이네가 앞으로 나서면서 선교사의 어깨에 손을 얹더니 진지한 목소리로 말했다. "부인, 사랑일 빼내는 데 나한테 생각이 있어요. 제대로 될 것 같긴 한데, 그 방법은 묻지 마세요. 여기 담 밖에서 기다리세요. 부인이 나한테 사랑일 맡겼을 때 난 약속을 지키지 못했다오. 이럴 때 위험을 감수할 사람은 바로 나야. 내가 김 씨와 함께 해낼 수 있어요."

짐꾼은 목이네의 호소에 공감하고 이 거사에 대해 책임감을 느꼈는지 앙상한 어깨에 얄팍한 저고리를 다시 걸치더니 미국 여자 쪽을 향해 힘주어 말했다.

"부인, 애를 빼내올 수 있습니다. 하지만 우리 중 하나가 죽을지도 몰라요. 그 양반한테 큰 칼이 있어요."

서부인은 김 씨의 이가 덜덜 떨리는 소리를 들을 수 있었지만, 그의 목소리에는 아이를 구하는 데 있어 그 어떤 위험이라도 감수하겠다는 확고한 의지가 담겨 있었다.

"서부인." 목이네가 속삭였다. "이 사람과 난 한국의 풍습을 알아요. 그리고 우리가 사랑이를 구할 수 있는 유일한 사람들이에요. 부인은 벽 이쪽에 서 있으면 돼요. 중들이나 하인들이 사찰 뜰에 있는 부인을 보게 되면 문의 종이 울리면서 야단법석을 떨 거예요. 그러면 사랑이가 어떻게 될지 누가 알아요? 우리를 따라오지 마세요."

여자는 뒷문으로 이어지는 계단까지 소리 없이 벽을 따라 갔고, 남자는 그 뒤를 쫓아갔다.

김 씨는 거지 쪽으로 몸을 굽혀 그의 팔을 건드렸다. 녀석이 몸을 꿈틀거리면서 팔꿈치를 받치고 몸을 일으켰다. 그리고 찌들고 못생긴 얼굴 중 유일하게 구제 받을 만한 흰 이를 드러내는 미소를 지으며 반쯤 감긴 졸린 듯한 눈으로 응시했다. 김 씨가 동전을 내주자마자 그 동전은 순식간에 자취를 감췄다.

“너한테는 아무 일 없을 거다.” 일꾼이 말했다. “이 아줌마가 널 등에 업고 뜰에 데려갈 거다. 지금 네 입에 물려준 돈을 10개 더 줄 거다. 시키는 대로 따라 하는 게 좋을 거야. 안 그러고 소릴 지르거나 법석을 떨면 스님들한테 도둑놈이니까 때려주라고 이른다.”

거지 아이는 김 씨를 향해 천천히 눈을 껌뻑거리더니 벌떡 일어섰다. 아이는 외모가 이상해 보였다. 노인으로 태어나 전혀 성장하지 않은 것처럼 보였던 것이다.

“난 중들이 하나도 안 무섭다.” 녀석은 너덜거리는 바지를 묶은 끈을 잡아당기며 말했다. “애꾸눈 문둥이만 빼면 난 무서운 게 없어. 저 여자 등에 업히면 날 어디로 데려가나?”

목이네가 녀석의 앞으로 가 몸을 굽히자 짐꾼이 아이를 등으로 들어올렸다. 여자는 아이의 발목을 잡고 능숙하게 무게의 균형을 잡으며 일어섰다.

“날 어디로 데려가냐고 묻잖아?” 거지 아이가 다시 물었다.

“잠자코 시키는 대로만 해.” 김 씨가 말했다.

목이네는 문이 열리기를 기다리다가 길을 잃고 헤매는 짐승처럼 조심스럽게 경내에 발을 디뎠다. 짐꾼은 어둠 속을 앞서 걷다가 부처의 제자들이 뻣뻣한 자세로 모여 서 있는 입구[30] 뒤쪽의 사람들이 거의 이용하지 않는 길을 택했다.

이들은 오래된 건물의 그림자를 소리 없이 통과한 다음 대웅전 앞의 높다란 단으로 이어지는 공터를 가로질렀다. 우뚝 솟은 지붕 밑에 이르렀을 때 승려들의 숙소 쪽 문이 열리더니 흰옷 차림의 당당한 자태가 어둠 속으로 발을 내디디며 물었다. "게 누군가? 당신 누구야?"

김 씨는 몸이 떨려 기운을 차리려고 음산한 표정의 돌사자 곁에 잠시 멈추어 섰다가 양반 주인과 대면하기 위해 단 위로 뛰어 올라섰다.

"나리, 오늘 밤 사랑일 데려가려고 애 어밀 불렀다는 사실을 잊으셨는지요?"

"저 여잔 왜 이 시간에 절 마당을 어슬렁거리는 거야? 아직 시간이 일러. 달 뜰 때까지 기다려야 해."

"나으리, 여자 마음을 누가 알겠습니까? 밤공기가 차니 애를 방

---

30 경내로 들어서는 사천왕문을 가리키는 듯하다.

안으로 데려가라고 이르시죠.”

남자는 화가 나 으르렁거리면서 등에 아이를 업은 여자를 향해 움직였다. 죽 늘어선 기둥들의 한쪽 구석을 지나 작은 집의 마루로 향하는 목이네의 심장은 뛰다가 멎어버릴 것 같았다. 살짝 두드리자 대나무 살문이 열렸고, 후광을 뒤로 한 아이의 머리가 어둠 속으로 흘긋 보였다. 바로 사랑이었다. 여자와 남자 애의 모습을 본 사랑이의 눈이 커지면서 감격했다. 아이는 꿈에서 깨어난 것처럼 팔을 활짝 벌리는 한편, 목이네한테서 눈을 떼지 않은 채 목이네의 무릎을 붙들고 허공을 향해 “엄마, 엄마” 하고 큰 소리로 외쳤다. 그 소리를 듣고 양반 주인은 몸을 돌려 점잖게 안뜰 쪽 따듯한 자기 방으로 돌아갔다. 사랑이 엄마가 애를 방으로 떠미느라 한 차례 때려준 것이라고 짐작한 나머지, 집 식구들끼리의 티격태격에 참견할 필요가 없다고 생각한 것이었다.

목이네는 사랑이가 있는 골방으로 들어가 업고 있던 거지 아이를 털썩 내려놓았다. 겁이 난 그녀는 아이를 두꺼운 이불 밑에 숨기고 나서 양반 주인이 혹시라도 오고 있는지 살피기 위해 문으로 가 귀를 기울였다. 그러나 발자국 소리가 점점 작아지는 것으로 보아 이쪽으로 향하고 있는 게 아니었고, 이내 나무 문짝이 열리면서 나는 창호지 펄럭이는 소리는 그가 자기 방으로 되돌아간 것을 분명히 말해주고 있었다.

거지 애는 이불 밑에서 살짝 빠져나와 방구석에 치워져 있는 찐득찐득한 쌀밥을 게걸스럽게 먹고 있었다.

사랑이는 울다가 부들부들 떨다가 목이네를 껴안았다.

"날 좀 빨리 데려가." 아이는 울먹였다. "방림에 빨리 가고 싶어. 양반 주인이 무서워. 김 씨가 날 데려갈 거야. 난 이 절도 싫고 옆방의 못생긴 늙은이 부처도 싫어. 쥐들이 쌀을 훔쳐가고 밤에 찍찍 울고 난리야. 앙, 집에 갈래!"

사랑이는 목이네의 목에 얼굴을 밀착시키고 어린애처럼 미친 듯이 꼭 들러붙었다.

"사랑아, 잘 들어." 목이네가 말했다. "울음을 뚝 그치고 조용히 해. 그리고 내가 시키는 대로만 해야 한다. 그럼 오늘 밤 방림으로 떠난다. 하지만 네 멋대로 하면 양반 쥔 나리가 널 기생집으로 데려갈 게 틀림없고, 그러면 서부인을 두 번 다시 볼 수 없게 된다."

아이는 목이네의 치맛자락에 눈을 비비며 따지듯 발을 동동 굴렀지만, 폭발했던 성깔이 가라앉자 숯검댕 같은 손가락 사이로 폭우를 뚫고 나타나는 듯한 미소를 지으며 말했다.

"내가 이렇게 발을 구르고 소릴 치면 김 씨가 부엌에서 보리엿을 가져다 주는데." 사랑이는 말했다. "김 씨 아저씬 어딨나? 아저

씨 좀 찾아봐. 날 방림으로 데려다 달라고 해야지. 이 거지 애는 왜 데려왔어? 방 전체를 차지하잖아. 우리 강아지같이 지저분해."

그 대답으로 목이네는 등잔불을 손으로 덮어 껐다. 어둠 속에서 목이네는 따지고 드는 아이를 꼭 붙든 뒤 몇 번 손을 능숙하게 움직이는 것 같더니 애의 치마와 저고리를 벗겼다.

"쉿 조용히," 목이네가 속삭였다. "움직이면 안 돼."

목이네의 알 수 없는 동작에 기가 죽은 아이는 자신의 맨 팔을 만지며 거추장스러운 옷에서 자유롭게 벗어나려는 듯이 폴짝폴짝 뛰었다.

방 한쪽 구석에서 잠깐 뒤적대는 기척에 이어서 대웅전의 문이 열렸다가 닫혔다. 목이네와 거지 아이가 법당으로 들어갔다. 사랑이는 반항하는 남자 애의 목소리가 들려오자 뛰던 동작을 멈추었고, 목이네가 방에 다시 들어와 자기 쪽으로 기어오자 눈이 휘둥그레졌다. 이게 모두 어쩌자는 건가 하는 눈초리였다.

"팔을 앞으로 쭉 뻗어라." 목이네가 명령했다. "이 옷을 입혀 주마."

"옷에서 김 씨 냄새가 나." 아이가 따졌다. "그리고 바지를 입힌 거잖아? 느낌이 안 좋아."

목이네는 계속해서 옷을 입혔다. 그러더니 벽을 따라 어둠 속을 더듬거려 벽에 박은 선반에서 병을 하나 내렸다. 목이네는 사랑이의 긴 머리에 기름을 바르고 빗질을 한 뒤 땋아주었다. 까탈을 부리는 아이가 이리 뛰고 저리 뛰는 사이에 목이네의 손이 재빠르게 움직였다.

"목이네 아줌마, 법당에 저 거지 애가 울고 있잖아." 사랑이가 말했다. "왜 그런지 알아. 부처 눈이 어둠 속에서 환하게 빛나서 눈을 감겨버리고 싶지만 그럴 수 없어서 그런 거야. 날 사내애로 만들어주면 부처 무릎과 어깨 위로 올라가서 주먹으로 눈을 두들겨 빼버릴 텐데. 구멍만 남으면 침침해질 테니까.[31] 아줌마, 도대체 내 얼굴에 뭘 칠하는 거지?"

"사랑아, 잘 들어라." 목이네가 속삭이듯 말했다. "여기서 빠져나가고 싶으면 내가 시키는 대로 해야 한다. 네 얼굴에 칠한 건 숯검댕이고 옷은 거지와 똑같이 입혔다. 이 바가지를 들고 너 혼자 법당 앞뜰로 간 다음 계단을 살며시 내려가 담벼락 쪽의 쪽문으로 가거라. 누구랑 마주치거든 너 거지들이 어떻게 징징거리는지 알지? 누가 붙들려고 하든지 간에 걸음을 멈추어서는 안 돼. 문으로 달려가 두들겨야 한다."

"그치만 내 강아지는 불상전에 있는 걸. 부처 앞 불전함에 넣어

됐는데?" 사랑이가 악을 썼다. 목이네가 가로막기 전에 아이는 이미 문을 열고 대웅전 안에 들어가 있었다. 가운데 출입구 석등의 불빛 때문에 희끄무레한 형상들 사이로 그림자가 어른거렸다. 사랑이의 맨 발은 오랜 세월 닳고 닳은 마룻바닥에서 톡톡 튀더니 난쟁이 같은 동작으로 불전함의 가장자리에 올라섰다. 안아주고 달래주는 소리에 이어 강아지의 낑낑거리는 소리가 들렸고, 아이가 거지한테 천천히 다가갔다. 거지는 사랑이의 옷을 입고 있었다. 거지는 방 맨 끝 쪽으로 기어가 흙으로 만든 신상(神像)의 다리 사이에 몸을 숨겼다.

"이거 내 강아지야. 너한테 줄게." 아이는 여리고 떨리는 목소리로 말했다. "얘가 짖으면 여기 쥐들이 도망간다. 너 부처 눈이 미우니까 그 밑에 숨은 거지? 나도 그래."

"난 바지가 없어서 여기 밑에 있는 거다." 거지가 대답했다. "늙은 아줌마한테 뺏겼어. 대신 이 옷을 입혀준 거야. 난 내 옷만 입으면 무서울 게 없어." 남자애는 시큰둥한 표정이었다가 감탄하는 투로 소릴 질렀다. "너 진짜 거지 같다. 마을로 내려갈 거냐?"

"아무한테도 안 들키면 김 씨가 날 방림으로 데려갈 거다."

"알려줄 게 있어. 거기 시장 쪽으로는 내려가지 마라. 문둥이 거지들이 꼭 나타나 행패를 부리거든. 용새[32]라는 놈을 만나면 절대 상대해선 안 돼. 그 아빠가 백정이었다더라.”

“목이네 아줌마가 오네. 잘 있어.” 사랑이가 말했다. “어딜 가든 부처 눈이 널 쫓아오는 걸 막으려면 머리를 뒤로 확 틀어 뒤를 보면서 ‘나무아미타불’이라고 진짜 빠르게 말하면 된다.” 사랑이는 긴 복도를 따라 달려갔다가 다시 남자애 옆으로 되돌아왔다. “강아지 쌀밥을 안 먹어. 멸치를 줘라.” 사랑이가 말을 하고는 다시 사라졌다. 사랑이가 경내의 맨 끝 쪽에 이르자 못이 잔뜩 박힌 참나무 문틀에 있는 듯 없는 듯 달려 있는 문짝이 활짝 열려 있었다. 김 씨가 대기하고 있다가 아이가 문턱을 넘어서는 것을 도와줬고, 아이는 바깥 어둠 속에 혼자 있게 되었다. 밤공기는 달콤했고, 근처 언덕 꼭대기에는 반달이 뭘 따져 묻듯 응시하며 떠 있었다. 바닥에 깔린 돌멩이들이 날카로워서 아이의 맨발을 아프게 찔렀다. 사랑이는 본능적으로 담벼락 밑으로 물러섰다. 거기에는 돌들이 두꺼운 이끼로 덮여 있었다.

저지대의 안개로부터 곡하는 소리가 좁은 골짜기를 따라 올라왔다. 승려들이 장지에서 돌아오고 있는 중이었다. 사랑이는 거지의 누더기를 몸에 두르고는 너무 더러워 얼굴을 찡그렸다. 그리고 회랑(回廊)을 빠른 속도로 통과했다. 사랑이는 부엌에서 일하는 언니들을 알고 있었다. 사랑이는 아궁이 불빛을 받으며 시꺼먼 가마솥을 박박 문지르고 있는 곤이[33]와 눈길을 마주치려고 잠시 머뭇거렸다. 아무도 지저분한 거지를 알아보지 못했다. 사랑이는 계속 서둘러 걸었다. 짧은 머리의 종년 옥자[34]가 구정물을 자기 쪽으로 뿌렸을 때 사랑이는 뺨에서 눈물이 억수같이 쏟아지면서 심장을 콕콕 쑤시는 아픔을 느꼈다.

김 씨는 사랑이가 작은 탈주를 감행하는 동안, 양반 주인의 문 앞 회랑을 천천히 걷고 있었다. 그는 겁에 질려 불안한 마음에 손톱을 씹는가 하면, 상투가 얼굴에 너저분하게 흩어지도록 잡아 뜯기도 했다. 사랑이가 뒷문에 가까이 오자 그는 동물처럼 민첩하게 몸을 날렸다. 그리고 청각이 둔한 부엌 식구들한테 겨우 들릴 듯 말 듯 한 소리로 거지 차림의 사랑이를 문으로 통과시켜 서부인의 품에 안겨주었다.

사랑이의 행복한 비명은 막 대문을 들어서고 있던 중들의 곡소리

---

33 Gooney
34 Ocha

에 묻혀 버렸다. 흰 상복 차림의 승려들의 긴 행렬이 경내로 이어지고 있었다. 징과 북소리가 소란한 분위기를 돋우었는데, 그 속에서 마을 무당은 대문으로 거침없이 들어와 사찰 마당의 무리와 뒤섞였다.

김 씨는 이제 반대 방향으로 달려가 주인 방 문을 두드렸다.

"나으리," 그가 말했다. "애 어미가 애를 데려 가려고 왔습니다. 달도 떴고요."

"애를 어미 등에 업히고 꼭 붙들어 매라. 내 곧 나가겠다." 주인이 대답했다.

김 씨는 피가 더 잘 통하라고 손을 비벼댔다. 아슬아슬했기 때문이다. 그리고 작전이 실패하면 대웅전 밑바닥 굴속으로 내던져져 피가 나도록 채찍질을 당할 것이었다. 아니면 주인의 큰 칼이 그의 목숨을 그 자리에서 결딴낼지도 몰랐다. 빙글빙글 돌며 춤을 추고 있는 중들과 합류한 가운데 그의 마른 몸을 둘러싼 얄팍한 옷자락이 펄럭거렸다. 그는 옆걸음으로 무당이 서 있는 회랑의 그늘 쪽으로 다가갔다.

"절 따라 오슈." 그가 말했다. "사랑이가 기다리고 있소이다."

"댁은 뉘시오. 사랑일 어떻게 알고 있소?" 여자가 간교하게 눈빛을 반짝이며 물었다.

"알고 싶으면 따라와요." 김 씨가 대답했다. "대웅전 뒤쪽 골방까지 담을 따라 달려가야 해요. 서두르는 게 좋아요."

김 씨는 법당의 쭉 뻗은 지붕을 떠받치고 있는 거대한 기둥의 그림자 속에서 사랑이 옷을 입고 있는 거지애를 찾아냈다. 무당은 천천히 뜸을 들이면서 부엌 쪽으로 움직였다. 무당은 잔치 때면 넘실거리는 독주를 몇 잔 목에 털어 넣곤 했었다. 무당의 충혈된 눈은 아이들을 뒤바꾼 속임수를 알아채지 못했다. 잔꾀를 부린 목이네가 아이의 머리에 흰 무명띠를 둘러 묶었기 때문이다.

점잖은 걸음으로 주인은 법당 앞 단을 내려와 이들 쪽으로 다가왔다. 김 씨가 술에 취해 비틀거리는 여자의 등에 아이를 막 묶은 참이었다.

양반을 향해 추파를 던지던 노파가 얼굴에 주름살이 파일 정도로 이가 드러나게 웃었지만 이는 남아 있지 않았다.

"우리 애를 기생집에 데려가면 목돈을 주기로 했지요? 지금 주시는 게 어떠우?"

"애를 문간지기한테 넘기기 전까지는 안 돼, 이 사기꾼 할망구야." 양반이 거칠게 말했다. "자넨 다시 믿고 싶지 않아. 내 따라 갈 거네. 법만 피해갈 수 있다면 다른 작자가 자네 애를 내 집까지 데려가도 상관없어."

김 씨는 들키지 않게 미소를 지으며 양반의 등 뒤를 덩실덩실

춤을 추며 돌았다. 그의 계획은 제대로 돌아가고 있었다. 양반 나리가 노파를 앞서 걷는다면 노파는 길가에서 쉬고 싶어도 멈출 수 없을 것이므로 자신의 잔꾀가 미리 폭로될 리 없었던 것이다.

그는 무명띠를 거지애의 얼굴 쪽으로 더 끌어내리고, 애를 여자 등에 묶은 포대기를 아이의 어깨 언저리로 더 세게 끌어당겼다.

이제 됐다는 승리감에 혼자 낄낄 웃었지만 하인답게 조심하면서 그는 양반 주인이 흰 두루마기를 걸치는 것을 도와줬다. 그리고 뒷문 열쇠를 유난히 법석을 떨며 채우고는 한밤의 유람 행렬을 사찰 바깥의 세계로 인도했다.

승려들은 수상쩍은 이들 무리를 호기심 어린 눈으로 지켜보기는 했지만 양반 주인은 승려들 앞에 나타난 적도 많고, 절에 시주도 많이 했기 때문에 그의 거동은 전혀 의심을 사지 않았다. 산기슭 아래쪽으로 난 좁은 길은 십리쯤 가면 왕래가 잦은 길로 이어졌다. 주인과 노파의 관심은 잘 보이지 않는 길을 찾는 데만 온통 쏠려 있었고, 따라서 김 씨 말고는 소나무 숲 어두운 그림자 속에서 왼쪽으로 길을 찾아가고 있는 두 사람에 대해 아무도 알지 못했다.

서부인과 사랑이는 반대쪽으로 발길을 서둘렀다. 샛길 꼭대기에서 옆으로 꺾인, 방림 마을로 내려가는 긴 비탈길을 찾을 수 있기를 미국인 서부인은 기도했다. 김 씨가 알려준 길이었다.

4

김 씨

김 씨는 큰 길 쪽 산에 출몰하는 호랑이와 날짐승들 때문에 덜 위험한 길을 타려면 훨씬 더 오른쪽으로 돌아가야 한다고 주인한 테 말했다. 주인은 김 씨한테 앞장서라고 안달했다. 김 씨는 그 오지에서 겪은 잡다한 모험들을 이야기하며 혼자 낄낄거렸다. 그는 산길 오른편의 덤불을 헤치고 들어가며 다른 이들한테 따라오라고 손짓했다. 길은 나지막이 자란 나무들을 지나 세상이 처음 열릴 때 꼭대기에서 뒤죽박죽 쏟아져 내린 바위들 위로 나 있었다. 길은 험하고 가파르고 찾기가 매우 어려웠다. 울퉁불퉁한 바위들의 마모된 가장자리와 모서리, 그리고 살짝 메워진 틈새만이 오래전에 사람들의 발길이 닿은 흔적을 알려주고 있었다. 유독 칼날 같은 바위를 기어오른 뒤 잠시 멈추자 양반 나리는 짜증으로 숨이 넘어가고 있었다.

"여기 좀 서봐." 그는 지쳐서 숨을 헐떡였다. "십리도 못 가겠다. 비단옷은 찢어지고, 때가 묻고, 도대체 내가 이런 길을 간다는 게 수치야. 김 씨, 마을로 내려가 내 가마꾼 좀 불러와. 난 자네 올 때까지 여기 있을 테니."

김 씨는 슬머시 웃으며 자기 상투를 잡아당겼다. "이리 힘든 길을 멀리 왔는데 나으리를 두고 자릴 뜨기가 어렵습니다요." 그는 힘주어 말했다. "하오나 분부대로 합죠. 다시 뵐 때까지 평안하십시오."

김 씨는 혼자 말했다. "사람들이 다투고 투덜거리고 결국 저 사내애가 사랑이가 아닌 걸 알게 될 때까지 기다리다가는 나는 죽은 목숨. 이제 이만큼 데려다 줬으니 나한테 한참 고마워해야지. 그런데도 내 귀에 들리는 건 불평과 명령뿐. 서부인과 사랑이는 이제는 해냈겠지. 내가 위쪽 길을 타면 해가 산을 덮기 전에 만날 수 있겠지. 가마꾼은 '양반 나으리' 자기가 부르라지. 내가 제 머슴인가?"

그는 맑은 물이 우거진 계곡 사이를 빠르게 흐르는 곳까지 달려 내려갔다. 그리고 사슴처럼 진달래와 개암나무 숲을 뚫고 전속력으로 산 옆구리를 올라탔다. 탈 많은 임무로부터 되도록 멀찌감치 떨어지기 위한 것이었다.

시간은 흘렀다. 주인은 조바심이 났다. 김 씨도 가마꾼도 나타나지 않았기 때문이다. 그리고 싸늘한 이른 아침에 누굴 기다리는 게 쉬운 일은 아니었다.

그가 김 씨를 믿은 건 바보짓이었다. 온전한 길로부터도 한참 멀리 떨어져 있는, 이처럼 가파른 길로 왜 자기들을 끌고 왔겠는가? 속이 뒤집힌 그는 독기를 품고 풀섶 사이에 주저앉은 여자한테 달려들어 어깨를 흔들었다.

"일어나 움직여." 그는 거칠게 말했다. "딴 길은 없어. 그 사기꾼 악당 같은 놈. 우리 보고 알아서 찾아가라고 여기다 내팽개친 게야. 이런 식이면 내 오늘 밤 열 명은 죽여야 직성이 풀리겠는 걸. 네 놈이나 되는 내 가마꾼들은 문간방 따듯한 바닥에서 자빠져 자고 있을 텐데, 난 비렁뱅이 마냥 바위를 기어오르고 숲 바닥을 기고 몇 십리를 걸어야 하다니 이 분통을……. 빨리 움직이라고 하잖나."

여자는 남자를 쏘아 보았지만 분노와 증오심을 남자의 표정에서 읽고는 복종할 수밖에 없었다. 그녀는 발을 딛고 일어서 짐을 어깨에 더 높이 지기 위해 몸을 굽힌 다음, 애를 더 단단히 묶기 위해 포대기 매듭을 힘주어 당겼다. 그러고는 울퉁불퉁한 길의 자갈들과 나무뿌리 등에 차이며 발을 질질 끌듯이 걸었다. 나른하기도 했지만 찌르듯 아팠다.

이들은 몇 시간을 걸었다. 아침녘의 햇빛을 받으며 길을 찾아가는 동안 발치에 칡덩굴들이 엉켰다. 길가의 가시나무들이 예외 없이 남자의 비단옷으로 하여금 값을 치르게 했으며, 여자의 손은 긁히고 피가 났다. 무당은 비참한 심경에 큰 소리로 불만을 터뜨렸다.

"나리는 집에 도착하면 내가 얼마나 힘들었는지 잊어버리겠지요." 여자는 이어 윽박지르듯 말했다. "그 돈 지금 주소. 기다리기 싫소. 약속한 걸 지금 안 주면 난 나리를 여기 두고 갈 거요. 나린 집까지 혼자 찾아 가소. 주재소 사람들은 앨 내가 직접 나리 집에 데려다 주지 않으면 나리한테 애를 안 넘겨줄 걸요! 난 다른 마을로 갈 거예요. 나린 우릴 다시 못 볼 거요."

"안 되지." 남자가 여자 말을 무시하며 내리쳤다.

여자는 욕을 홍수같이 쏟아냈다. 그러고는 큰 소리를 내지르며 눈을 가린 긴 잿빛 머리카락을 걷어내기 위해 머리를 흔들었다. 광분한 듯 여자는 남자의 목을 집게 같은 손가락으로 찌르려고 남자를 향해 몸을 날렸다. 여자의 갑작스런 동작이 긴 포대기 끈을 느슨하게 풀면서 노파와 노파의 표적물 사이에 남자애가 짐 보따리처럼 떨어졌다. 깜짝 놀란 여자는 몸을 굽혀 애를 자세히 들여다보고는 얼굴에서 무명천을 벗겨냈다. 속임수는 이제 드러났고 저주의 말이 여자의 고성을 통해 날카롭게 울려 퍼졌다. "이 더러운 마귀들이 사랑일 훔쳐 내뺀 거야." 여자가 악을 썼다. "대신 남겨둔 걸 봐. 눈은 삐뚤어졌고, 코는 넙죽하고, 입은 생선 같잖아. 옷은 우리 딸 애 거지만 남자애야, 비렁뱅이 촌놈이란 말이야."

거지는 여자가 손을 대자 몸을 약간 떨었지만 그냥 웃어 넘겼다. 그러고는 날렵한 동작으로 강아지를 주워든 다음, 돌 뒤로 몸을 미끄러지듯 숨겨 달아났다. 그는 억센 잡초가 나 있는 가파른 경사면을 따라 추격당하는 것은 겁나지 않았다. 그는 도망가다가 봉분 같은 둥근 언덕 위에서 잠시 멈춰 해방된 몸을 축하할 겸 날아갈 듯 한번 뛰어봤다. 자기를 생선 같다고 말한 여자, 저 밑의 늙은 욕쟁이 여자를 괴롭힐 목적도 있었다. 그러다 잠깐 멈춰선 그는 이 지방의 가락을 한 곡조 뽑았다. 톡톡 끊어지는 소리였다. 소리는 떨리다가 그치고 가녀린 떨림 속에 사라졌다. 그는 정말 기뻐 춤을 추었는데, 노래 가사는 그날 밤의 모험을 묘사하고, 자신의 탈출을 얘기하고, 자신을 쫓아오는 자들을 물리친다는 내용으로 즉석에서 꾸민 것이었다. 그들을 향해 내뱉는 마지막 음과 더불어 그의 나어린 목소리는 산자락에 울려 퍼졌고, 메아리가 장난치듯 되울려 왔다. 그는 외진 풀섶, 산 구석의 우거진 덤불 속으로 달아났다.

그가 사라지자 '양반 나으리'는 대노한 나머지 순사들을 부르겠다고 쩌렁쩌렁 소리를 질러댔다. 김 씨는 사기죄로 몰매를 때려야 하고, 무당은 공범으로 족쇄를 채워야 한다는 것이었다.

"허나 날 먼저 붙들어야지." 할망구는 포대기를 집기 위해 몸을 굽히며 악을 올렸다. 그녀는 짐꾼 김 씨한테 속아 넘어 갔지만, 자신의 본능과 꼼수의 엉성한 찌꺼기들은 탈출에 교묘하게 성공한 김 씨한테 오히려 박수를 보내고 있었다.

"내가 저 작자의 기생 훈련장에 데려가려던 것이 저 남자애 놈이란 말이지." 여자는 큰길로 통하는 길을 내리달리다가 재미난 듯 낄낄거리며 혼자 말했다. "남자애, 게다가 거지. 아이고 내 팔자야. 정말 깨끗이 속은 거야. 주막집 친구들한테 무슨 창피람! 어깨 아픈 건 이제 가셨어. 그 놈의 내리막 비탈길 일은 두 번 다시 생각하고 싶지 않아. 저 대가리 굴리는 양반 놈은 이제 도깨비한테 잡혀가도 난 상관 안 해. 이제 그 작자와는 끝장이야. 순사가 그 놈을 잡아가도 사랑일 그 집에 데려가던 건 나하고는 전혀 상관없는 일이라고 할 거라고. 그 작자는 오늘 밤 일로 감옥에서 좀 오래 썩어야 돼. 그런데 사랑이는 절에 있는 걸까?"

산꼭대기를 떠돌던 새벽녘 구름의 금빛, 분홍빛이 보통 때의 푸른빛, 잿빛, 은빛에 자리를 내주고 있을 무렵, 서부인과 사랑이는 사람들이 다니는 길에서 약간 떨어진 곳의 바위들 사이에 숨겨진 작은 골짜기에 도착했다. 가장자리가 또렷한 풀잎들이 이슬방울로 무거워진 채 맑은 연못가를 아름답게 에워싼 거기는, 산골물이 반짝이며 쏟아지는 보석들로 부서지면서 저 아래 닳고 닳은 바위로 떨어지려고 폭포수에 휩쓸리는 동안 잠시 노니는 곳이었다. 여기서 사랑이는 목이네가 입혀 준 더러운 거지 옷을 벗어버리기 위해 자리를 잡고 앉았다. "이 옷들 안 입을래." 아이는 소리를 질렀다. "마늘 냄새[35]가 나. 서부인, 벗어 던지자."

미국 여자는 웃으며 아이의 어깨에 자신의 스웨터를 걸쳐주었고, 스커트 모양의 가리개를 아이의 허리에 둘러 핀으로 꽂아주었다. 그리고 그녀는 다소 불쾌하다는 듯 거지 옷을 물속에 던져버리고는 앉아서 자신이 떠맡은 사랑이를 산의 반대편 방림 마을로 어떻게 데려갈지 궁리했다.

어린 아이는 보드라운 고사리와 풀잎들 사이에 주저앉아 가재 껍데기를 갖고 놀다가 이내 잠이 들었다.

서부인은 산길이 큰 대로와 만나는 지점에 있는 여인숙을 알고 있었다. 두 시간의 산길을 내려와 지금 몸을 숨긴 곳 바로 아래쪽이었다. 여인숙에서 밥과 계란을 살 수 있다는 것도 알고 있었다.

---

35 마늘 냄새는 아이한테 불쾌한 게 아니라 저자한테 불쾌한 것이 아니었을까?

하지만 사람들이 드나드는 이 장소에 자기가 나타났다는 얘기가 전해지면 뭇 짐꾼들이나 장사꾼들의 입에 오르내리게 되고, 그로 인해 자신과 사랑이가 다시 주인한테 붙잡힐 것 같은 두려움 때문에 여자의 발걸음을 멈추게 했다. 여자는 안전하게 숨어 있던 장소로 되돌아갔다.

여자는 시장기가 느껴졌다. 아이가 깨면 배가 고파 안달이 날 것 뻔했다. 젖은 잡목들과 긴 풀섶을 밀쳐내며 그녀는 산딸기가 그득한 숲으로 길을 찾아 들어갔다. 모자에 먹음직한 딸기를 가득 담았을 때 꿩이 긴 울음을 울었다. 그 소리는 아래쪽 풀섶에서 났지만 새가 날아오르지는 않았다. 그녀는 주의를 기울여 듣다가 몸을 똑바로 일으켜 세운 다음 그 소리를 흉내 내어 보았다. 어느 새 김 씨가 자기 옆에 서 있었다. 그는 산허리를 기어오르고, 길은 없는데다가 바위와 풀밖에 없는 오지를 넘어온 터여서 옷은 찢어지고 너덜거렸다. 드문드문한 머리카락이 그의 얼굴 위에 헝클어져 있었지만, 반가운 듯 짓는 미소에는 희게 번쩍이는 고른 이가 드러나 있었다.

"서부인을 이제 만났습니다그려."

"그 사람들은 어디다 떨궜어요. 김 씨?"

"그 '나으리'와 사랑이 애민 저쪽 길 밑에 있는데, 어찌나 투덜거리고 나한테 심술을 부리는지 놔두고 와 버렸소."

"그럼 거지는요? 우리가 속인 걸 알아챘나요?"

"내가 뜰 때까지는 몰랐소. 허나 지금쯤 주인은 황소처럼 울부짖으며 칼을 휘두르고 있겠지요. 사랑이 땜에 돈을 지불했으면 애를 찾으려 할 게고, 그래서 여기 내가 필요한 게 아니겠소. 애는 어딨소?"

"여기서 얼마 안 돼요. 김씨, 애를 방림까지 데려다 주겠어요? 난 목이네 때문에 사찰로 다시 돌아가야 해요."

"안 됩니다. 목이네는 혼자 해낼 수 있소. 사랑일 방림까지 데려가는데 내 머리가 안 깨지면 다행이지."

"밤이 될 때까지 여기 숨어 있다가 내려가면 안 될까요?"

"그래도 되지만 밤에는 귀신들이 더 야단일 텐데."

"여기 잔디 위에 좀 앉아 봐요. 얘기할 게 있으니."

"헌데 사랑인 괜찮소?"

"여기서 가까운 곳에 잠들어 있어요. 김 씬 나무, 돌, 물, 그리고 숨 쉬는 공기에 귀신이 있다고 믿어요?"

"맞아요, 부인. 그리고 '나으리'가 애를 훔쳐가는 걸 내가 도왔으니 지금은 더 많은 거죠."

"늘 귀신이 무섭나요? 한 순간도 평화로운 때는 없나요?"

"허구한 날 귀신 생각뿐이우. 그리고 귀신들이 날 잡으려고 놓

는 덫도. 부인, 오늘 아침에 산을 오르다가 귀신들 소리를 들었
우. 해가 뜨니까 쓰러진 나무나 바위들 틈새로 숨으려고 귀신들 수
천이 몰려 내려옵디다. 허나 귀신들이 날 붙잡지는 못했죠. 왜냐하
면 큰 나무 둥치를 둘러 싼 돌들 위에다가 큰 돌을 가져가 얹었거
든. 그랬더니 귀신들이 모두 멈춰 그걸 보고는 손가락으로 가리키
며 그 돌 얘기를 합디다. 그러고는 귀신들 떠드는 소리가 하나도
안 들렸소. 내가 놀려먹은 거지."

"딱해라." 미국 여자는 그의 생각에 잠긴 얼굴을 보면서 숨을 죽
인 채 말했다. 그리고 그의 유치하기 짝이 없는 미신 얘기를 들었
다. 그녀는 그가 험한 산허리를 힘겹게 넘어온 것과 주인의 협박을
물리친 것, 그리고 사랑이에 대한 헌신 때문에 감내한 위험에 대
해서도 생각했다.

"김 씨, 제가 왜 우리나라를 떠나 이 땅에 왔는지 알아요?" 그녀
가 말했다.

"우리 쌀과 김치가 먹고 싶어서였겠죠."

"아니죠. 우리나라에는 여기보다 더 좋은 먹을거리가 많아요. 그
리고 난 모친과 여동생, 그리고 남동생도 있고요. 전 모친을 이제
더 이상 못 볼 겁니다."

짐꾼은 당혹스러운 표정으로 그녀의 얼굴을 살펴보았다.

"이 나라에 와줬다는 이유로 땅 수천 마지기가 생긴다 한들 당신 모친과 하루를 같이 있을 수 있는 축복만은 못 하겠죠." 김 씨는 경건한 표정으로 말했다. "부인, 부인 마을로 돌아가십시오."

"잘 들어요, 김 씨. 이 세상 전체뿐만 아니라 지하 세계의 혼령들 전체도 다스리는 왕께서 저를 보내 당신에게 그분의 권력이 온갖 악령들 전체의 힘보다 크다는 것을 말해주라고 하셨어요. 김 씨가 그분을 사랑하고 섬기면 당신 마음을 평화롭게 해주실 겁니다."

"좋습니다. 받들겠습니다. 그분은 미국에 사시나요?"

"아니, 하늘에 사십니다. 허나 그분은 이 온 우주에 계십니다."

"그분은 부인과 함께 돌아다니시나요?"

"맞습니다."

"저 아래 주막에선 부인이 미국에서 이 나라로 올 때 큰 바닷가로 가서 땅 속으로 바로 통하는 배를 타고 한국으로 튀어 올라왔다고 말합니다. 구경 잘 했을 것 같은데, 그렇죠? 난 미국에 가보고 싶소."

"모친을 놔두고요?"

"난 모친이 안 계시오. 내가 어릴 때 세상을 뜨셨죠. 댁의 그 혼령들의 왕에 대해서 얘길 좀 들려주구려."

"그분의 힘은 정말 강해서 언젠가는 이 산을 공중으로 던졌답니다. 해와 달도 그분한테 복종하죠. 그분은 당신도 만들었고, 당신을 사랑도 하십니다."

"아, 하느님 말씀이군요." 김 씨가 점잖게 말했다. "우리 부친한테 하느님 얘길 들은 적이 있소. 구름 저편에 사시면서 가뭄 때 제물을 바치면 비를 주신다는 거였죠. 허나 절 사랑한다는 건 잘못 본 게죠. 하느님은 저한테 전혀 관심이 없어요. 나한테 얘기할 길이 없는데 어찌 관심이 있으시겠소? 그분의 말씀은 번개와 천둥이라오. 난 그 뜻을 몰라요. 부인, 오늘 아침 식사를 못했죠. 내 산을 내려가 먹을 걸 구해보리다."

"먹을 걸 어떻게 사요? 돈이 없잖아요?"

"이 사람한테 맡겨 보시우. 난 촌장 집이 어딘지 알아요. 그 양반 집 담벼락 어디에 돌이 빠져 있는지도 알고."

"훔치려고 하는 건 아니죠?"

"글쎄, 그게 문제죠. 난 거지도 아니고 감자바위 얼굴을 한 문둥이도 아니요. 알죠? 부엌에서 여자한테 바가지에다 먹을 걸 담아 달라고 말할 거요. 안 그러면 불을 꺼뜨린다고."

"김 씨, 그런 식으로 하면 안 돼요. 나한테 돈이 좀 있어요. 얻은 만큼 돈을 지불해요."

"주인이 사랑일 다시 쫓아오면 그 돈 전부 필요할 게요. 여기서 기다리시오. 해가 그림자를 동쪽으로 밀어 돌려놓을 때쯤이면 돌아오리다. 길 찾는 이가 있으면 사랑일 폭포 밑 바위 사이에 숨겨요."

김 씨는 곧 사라졌는데, 서부인은 그의 호리호리한 모습이 유령처럼 산의 더 낮은 쪽 나뭇잎들 속을 향해 내려가는 것을 지켜보았다.

시간은 흐르고 있었다. 그녀는 방림으로 곧장 향하길 간절히 원했지만, 먹을 것 없이 길을 나설 수는 없었다. 그녀는 사랑이가 잠든 곳으로 되돌아갔다. 아이의 동그란 얼굴은 이끼 덮인 잿빛 돌에 포근히 분홍빛을 발하며 얹혀 있었다. 서부인은 아이의 축축하게 젖은, 찢어진 신발을 벗겨주기 위해 옆에 앉았다. 그토록 소중한 생명을 되찾은 것이 기뻤다.

"애는 내 아이야." 그녀는 혼자 말했다. 그녀의 손은 흑옥 같은 머릿결을 따라 머리 단을 묶은 붉은 댕기까지 쓰다듬었다. 보드랍고 둥근 뺨은 장미의 붉은 빛으로 옮아가는 상아빛이었다. 아랫입술은 활처럼 휜 윗입술 밑에 까탈을 부리듯 튀어 나왔는데, 둥글고 붉은 체리 같았다. 턱밑 올리브 빛 목에는 맥박이 뛸 때마다 작은 샘이 흔들거렸다.

"그 주인집에 있게 되면 돈 때문에 애를 뺏긴 아낙네들이 다독거려주겠지." 그녀는 생각에 잠겼다. "언젠가는 저한테 가해진 것들이 고통스러워 잿물에 덴 것 같은 흰 자국이 얼굴을 파고들어가 겠지. 그러면서 죽기 전에 나를 향해 비명을 지르지 않을까. 안 돼, 애를 포기하기 전에 내가 갈기갈기 찢기는 게 나아. 산허리에서 하루 밤 보내는 게 대순가. 괜찮아."

길게 자란 풀들 사이에서 그녀는 팔로 머리를 감싼 채 오랫동안 앉아 있었다. 상황을 찬찬히 살펴보고 갈 길을 생각해 보기 위해서였다. 지독하게 피곤했다. 간밤의 피습 때 받은 충격과 사찰을 빠져나올 때의 흥분은 견디기 어려운 것이었고, 그녀와 사랑이는 아늑한 방림으로부터 수십 리 떨어진 곳에 있었던 것이다. 눈부신 햇빛이 물결이 이는 듯한 고지의 풀섶에 노란 빛을 흩뿌리고 있었고, 바위들 사이의 쇠붙이를 번쩍거리게 했으며, 완만한 들판으로는 잿빛의 구름 그림자를 스쳐가게 했고, 갈 길이 난감한 여자의 주변에는 아늑한 온기를 던져주는 듯했다.

그녀 생각에 마을 사람들은 이 산을 잘 알고 있었고, 그들 중에는 전문 호랑이 사냥꾼이 적지 않았다. 이들은 산을 훑고 산짐승을 잡기 위해 우거진 숲을 치는 데 익숙했다. 이 마을 사람들이 그 양반네한테 그녀가 무당한테서 아이를 빼내 큰 병원의 외국인 의사한테 데려가 아이 눈을 약과 부적에 쓰려고 한다는 식의 얘기를 들으면 그녀의 목숨은 끝난 것이나 다름없었다. 그리고 사랑이는 다시 한 번 제 늙은 엄마의 손아귀에 놓이게 될 것이다. 간밤의 사건들이 쉬지 않고 그녀의 마음속을 스쳐 흘러갔다. 해가 더 높이 빛을 내면서 그림자는 짧아졌고, 산들바람이 폭포로부터 물보라를 날려보냈다. 그녀의 머리는 달콤하고 나른한 분위기에 젖어 더 낮게 떨궈졌고, "지친 마음은 잠 속에서 잠깐 망각할 수 있었다."[36]

그녀는 차갑고 축축한 털 뭉치 같은 무언가가 건드리자 갑자기 잠에서 깨어났다. 그녀는 자기를 친구 삼아 다가오는 통통한 강아지를 쫓아내 보려고 손을 들었다. 그러다가 경악해서 벌떡 일어나 앉았다. 강아지 뒤에 거지의 쭈그러든 얼굴이 있었기 때문이다. 환한 햇빛 속의 그는 기이하리만큼 자그만 형체였다. 아이의 머리는 앙상한 어깨에 얹힌 혹 같은 작은 목에 비해 너무 컸다. 푹 꺼진 관자놀이는 이마를 툭 튀어나와 보이게 했다. 하지만 보드라운 검은 두 눈이 깊이 호소하며 그녀의 눈을 들여다보자 '모성적' 본능이 순식간에 서부인의 팔 전체를 찌르는 듯했다. 그녀는 잠시 이 놀라운 형상을 응시하면서 이게 전설 속의 도깨비인지, 아니면 자신의 놀란 마음이 불러낸 산속의 난쟁이인지 궁금해하다가 시선

---

36 "exhausted nature found momentary forgetfulness in sleep." Kate Douglas Smith Wiggin(1856~1923)의 *The Story of Patsy*에서 인용한 구절.

이 아이의 옷으로 옮겨갔다. 아이는 여자애의 치마와 저고리를 입고 있었고, 그녀는 순간적으로 이 애를 간밤의 사건과 연결시켰다.

"아이고!" 그녀는 이곳 말로 크게 말했다.

"너 어디서 왔니?"

"산기슭 쪽."

아이는 손을 이상하게 접으며 깊숙이 고개를 숙였다.

"아줌만 처음 보는 사람인데." 거지는 공손하게 말했다.

"나도 마찬가지야." 그녀가 대답했다. "전에 만났는지 기억이 안 나. 너 여자니, 남자니?"

"날 때부터 남자지." 녀석은 화난 듯이 말했다. "난 이 옷이 싫어. 여자애 옷이야. 아줌마만 여기 없으면 찢어서 내던지고 싶어. 저 아래쪽 절 여자가 내 옷을 벗기고 이 여자애 옷을 나한테 입혔어."

"어젯밤 어떤 늙은 여자의 어깨에 업혀 절을 빠져 나왔니?"

"응, 그리고 도망쳤어. 어, 아줌마 신발 참 이상하다. 난 서양 사람을 한 번도 본적이 없어. 점석이[37]가 서양사람 발은 우리 것과 다르다고 말했는데. 신발 뒤꿈치로 곧바로 내려가는 뼈[38]가 있어서 제

---

37 Chumseggie
38 여자들의 하이힐 때문에 생겨난 속설이었을 것이다.

90

대로 못 걷는다는 거야. 아줌말 보니 이제 그 말이 사실인걸 알겠다."

"점석인 잘못 짐작한 거야. 내 발을 봐, 신발을 벗고 보여줄 테니."

"아이고, 내 발이랑 똑 같네." 그는 기뻐 소리를 질렀다. "아줌마 말도 우리 조선 사람들 말하고 똑같이 들려. 눈만 검고 코만 안 크면 예쁠 텐데. 아줌마네 학교엘 가고 싶어. 방림에 함께 가주면 학교에서 받아줄 건가?"

"애야." 서부인이 말했다. "난 널 먹이고 공부시킬 돈이 없단다."

"어, 나한테 밥 사줄 필요는 없는데? 동냥하면 되니까."

"허나 넌 우리 학교에 가기엔 너무 어려. 거긴 큰 애들만 있거든. 설날을 몇 번이나 보냈지?"

"글쎄? 엄마가 죽었을 때 네 살이었고, 겨울 네 번을 바깥에서 자며 보냈는데. 그러니까 여덟 살이네. 글구, 점석이와 난 부잣집 바깥 새 굴뚝을 알아냈어. 따듯해. 다음 겨울은 거기서만 잘 거야. 그래, 날 안 받아주겠다는 거지?"

"이름이 뭐냐?"

"막둥이."[39]

---

39 영어 원문에 'The Last One'으로 되어 있다. 위의 '점석이'를 소리 그대로 표기한 것과 대조적이다.

"아빠 이름은 뭐였지?"

"내가 태어났을 때 아버진 없었어. 엄마만 있었지. 사람들이 엄마 땅바닥 큰 구덩이에 집어넣었을 때 누군가 우리 마당 문을 닫아버렸고, 나는 길바닥에 나앉은 거야. 난 어떤 늙은 문둥이가 지나다가 날 볼 때까지 큰 소리로 울었지. 그 작잔 인색한 늙은이였어. 그리고 끈으로 묶어 자길 끌게 했어. 아마 온 세상을 돌아다녔을 거야. 거기서 도망치고 점석이와 만나게 된 거야."

미국 여자는 목의 통증을 가라앉히려고 목에 손을 댔다.

"혹 날 학교에 집어넣을 거라면 걱정은 하지 마. 난 문둥병이 없거든." 거지 아이는 계속 말했다. "점석이가 나한테 병이 있는지 알아내려고 바늘로 온통 찔러봤거든. 그냥 간지럽기만 했어."

"점석이는 누군가?"

"문둥이한테서 도망쳤을 때 만난 애야. 이 강아진 더 이상 못 데리고 있겠다. 저기 저 애를 깨울 것 같애."

강아지는 계속 뛰다가 짖다가 애한테서 떨어지더니 사랑이의 뺨에 차가운 앞발을 얹으며 사랑이의 코를 핥았다.

아이는 눈을 껌뻑이며 일어나 앉아 강아지를 잡기 위해 팔을 뻗었다.

"요 귀염둥이, 어디서 나타났지? 사랑이가 소리를 질렀다. "널 찾다니 너무 좋다."

"어젯밤 절에 있었던 여자애잖아." 남자애가 서부인한테 몸을 돌리며 말했다. "쟤가 나한테 개를 줬어. 거기 늙은 여자가 내 옷을 쟤한테 입혔나? 내 옷은 어딨지? 난 그 옷이 없으면 안 되는데."

미국 여자는 남자애의 진지한 표정에 미소를 지으며 연못 속의 누더기를 가리켰다.

아이가 벌떡 일어서서 대나무 가지를 주워 들고 물에서 바지와 저고리를 건졌다. 아이의 눈에서는 기쁜 빛이 발했다. 그리고 자신이 입고 있던 치마를 혐오의 눈길로 바라보며 선교사한테 몸을 돌렸다.

"아줌만 여기서 쉬고 있어." 녀석은 우쭐해하면서 말했다. "난 물로 내려가 이 옷들을 빨 거야. 마르면 돌아올게. 내가 없을 때 떠나지 마. 이 산에는 호랑이들이 있어. 아줌만 내가 돌봐줘야 돼."

헐겁게 박힌 돌들이 달그락거릴 정도로 그는 경사지를 굴러 내려갔다. 미끄러운 풀섶을 미끄러지듯 통과해서 폭포수가 잿빛 바위에 깊이 파놓은 웅덩이에 이르렀다. 물의 빠른 흐름으로 부드럽게 닳은 평평한 화강암 위에서 그는 이곳 사람들이 하는 식으로 빨래를 하기 시작했다. 녀석은 방망이로 옷의 때를 두들겼다. 정신을 집중해서 열심히, 그리고 힘을 다해 헹구고 짜고 이리저리 털었다. 그에게 기회는 찾아왔다. 녀석은 자기가 할 수 있는 가장 맹렬

한 방법을 통해서 이 외국인 여자한테 인상을 남기고 싶어 했던 것인데, 그것은 바로 완벽한 빨래였다. 몸을 움직이면서 그는 어린 애의 떨리는 단조 음으로 기이한 독창곡을 부르며 방망이질에 박자를 맞췄다. 높아질 때의 애잔함, 끊는 소리, 그리고 긴 떨림음 등이 들어간 이 기이한 단가는 선교사의 심장에 곧바로 직행했다. 널따란 인간의 불행의 바다에서 밀려온 미역처럼 그녀의 발치에 또 한명의 아이가 버려진 것이었다!

"새벽 별이로구나." 그녀는 혼자 말했다. "신발 속에서 살아온 늙은 여자 같은 느낌이 들기 시작하네![40] 바로 방림으로 돌아가야 해. 아님 내 뒤에 고아원 하나 전체를 달고 집에 이르게 될 거야."

40 전래 이야기로서 아이들이 많았던 여자를 가리킴. 내용은 다음과 같다.
신발 속에 사는 여자가 있었지.
아이가 너무 많아 어쩔 줄 몰랐지.
빵은 하나도 없어 국만 끓여 주었어.
애들은 채찍으로 두들겨서
잠을 자러 보내는 여자였지.
There was an old woman who lived in a shoe
She had so many children she didn't know what to do.
She gave them some broth without any bread,
Then whipped them all soundly
And put them to bed.

막둥이

김 씨가 눈에 띄었을 때 해는 산비탈을 따라 그림자의 길이를 늘려가고 있었다. 그는 눈에 잘 띄지 않는 산길을 덮고 있는 야생 수국과 개암나무 숲 사이의 구불구불한 길을 찾아오고 있었다. 산 허리에 이르자 폭포에 있는 두 사람한테 손을 흔들어 인사하고, 거지애가 부르는 노래가 귀에 들리자 한번 들어볼 양으로 걸음을 멈추었다. 한 차례 오르고 펄쩍 뛰자 바로 그들 옆이었다. 서부인 한테 인사하느라 상투를 잡아당기자 가죽 같은 얼굴의 주름이 깊 어졌다.

"아까 헤어진 뒤로 별일은 없었소?" 그가 말했다. "저 거지는 빠 져나온 게로군. 이제 주인 곁을 떠나 모두 원래 자기 자리로 되돌아갔겠지. 홀로 외로울 거야. 그래, 우리 토끼 새끼. 강아진 이제 찾은 건가? 여기 내가 가져온 것 좀 봐." 소매 주머니에서 작은 바구니를 꺼내 두 손으로 사랑이한테 건네면서 그의 눈이 반짝였다. 그는 폭포의 두 사람한테 손을 흔들었다. 그리고 물가의 남자애한테 몇 마디 건네려고 멈추었다.

사랑이는 바구니를 받아 뚜껑을 열면서 기뻐 소리 질렀다. "김 씨가 밥과 대추와 삶은 조개를 가져왔네. 서부인, 잔칫상이야. 빨리 앉아. 배고파 죽겠어."

미국 여자도 배가 고팠다. 잔칫상이 펼쳐지자 상 주변에 환희에 들뜬 작은 무리가 둘러앉았다. 사랑이는 삶은 조개를 김 씨한테 내밀었다. "서부인은 내가 이빨로 깨는 걸 못하게 해." 아이가 말했다. "아저씨가 칼로 열어봐." 김 씨는 물론 칼이 없었다. 그가 가진 것이라고는 원래 흰 빛깔이었던 삼베 바지, 그것과 같은 옷감의 저고리, 머리에 두른 수건, 짚으로 만든 신발, 그리고 곰방대가 전부였다. 조개는 두 개의 돌 사이에서 깨졌고, 그는 큼직한 나뭇잎 위에 조개를 얹어 내놓았다. 사람 좋은 그의 얼굴 낱낱의 주름에서 흥겨운 기분이 빛을 발했다. 그는 사랑이의 노예였다. 그리고 사랑이가 그의 보호를 받던 때 사랑이는 그를 고압적으로 대했다.

"부인 이것 좀 드시오." 김 씨가 진지하게 말했다. "해가 지기 전에 서둘러 산을 넘어야 하오. 그 주인을 생각하면 편치가 않소. 그 사람은 내가 알아. 집에 도착하면 하인들을 불러 애를 다시 찾기 시작할 게 분명해."

"김 씨, 오늘 밤엔 어디서 자죠? 생각해 둔 데가 있어요?"

"저 큰 바위들 저편 꼭대기를 넘어가면 굴 옆 집에 수도승이 한 명 살고 있죠." 김 씨가 대답했다. "오래 전부터 거기 살고 있었는데, 달이 뜨기 전에 도착하면 우릴 받아줄 겁니다." 사랑이는 대추 한 알을 입에 던져 넣고, 하나는 서부인한테 내밀었다.

"난 대추가 좋아, 아줌만?" 아이가 재잘거렸다. "보리 엿도. 하지만 김 씨는 하나도 안 가져 왔어. 안 돼, 난 늙은 수도승이 있는 곳은 안 가. 퀴퀴한 곳에 이미 오래 있었어. 거기 그 절엔 박쥐들이 있어. 동굴에 박쥐들이 더 많을 거야. 김 씨, 왜 날 방림으로 바로 안 데려가? 아저씨 등에 업혀 가고 싶은데."

김 씨가 아이 앞에서 몸을 숙였다. "나비야, 아저씨 등에 타라." 그가 말했다. "팔로 내 목을 감아. 아저씬 네 발을 꼭 쥐마. 서부인은 바로 우리 뒤를 따르시오. 풀이 높이 자라서 길을 잃기 쉽소. 산길 꼭대기에 이르면 내가 부르리다. 댁은 신발 때문에 방림까지 가려면 꽤나 고생할 거요. 산 타기에는 안 맞는 신발이야."

미국 여자 생각도 같았다. 그러나 자신의 단련된 신체가 견뎌

내리라는 확신이 있었다. 여러 가지 장애에도 불구하고 그녀는 김 씨만큼이나 빠른 속도로 수도승의 암자에 도착할 수 있었다.

"어서 가요, 김씨. 내 걱정은 말고." 그녀가 말했다. "난 해낼 수 있어요."

"가만, 사랑아. 좀 내려와. 위쪽으로 균형을 잡았거든." 김 씨가 외쳤다. "강아지가 못 뛰어내리게 해라. 내 발에 엉킬 테니까." 일꾼은 앞으로 힘을 줘 발을 딛고 일어서더니 잠시 멈추어 등에 진 것의 균형을 맞춘 뒤 정확하게 한 걸음씩 산길을 오르기 시작했다. 사랑이의 우쭐해하는 작은 머리는 그의 어깨 위에서 승리한 듯이 까닥거리고 있었다.

서부인은 질투하는 듯한 기분으로 그들을 거들었다. 자신의 종달새인데 무슨 이유로 저 투박한 일꾼한테 호감을 사야 하나? 김 씨가 마치 아이의 원래 후견인이자 보호자인 것 같았다. 그녀는 그 둘 사이의 동지애를 보고 화가 났다. 애가 주인의 포로였을 때 그가 아이의 척후병이었던 것은 사실이다. 그때는 그때고 이제는 김 씨의 도움 없이 일을 처리할 수 있으면 좋을 것 같았다. 그녀는 남은 음식을 바구니에 담기 위해 몸을 숙여 칡나무의 넓은 이파리에 쌌다. 그리고 끔찍한 산 높이를 잠시 가늠하며 험한 바위와 숲에서 어떻게 길을 찾아가야 할지 걱정이 되었다.

"부인, 제가 수도승 동굴까지 안내합지요." 누군가의 목소리가 말했다. "제가 산길을 아니까 저만 따라오면 됩니다." 여자는 놀라서 사방을 둘러보았다. 거지 아이를 잊고 있었기 때문이다. 그러나 녀석은 바로 여자 앞에 서 있었다. 이는 덜덜 떨리고 얄팍한 입술은 퍼런 색깔로 늘어져 있었다. 녀석의 무명 바지와 저고리는 아직도 축축했는데, 앙상한 골격에 철썩 붙어 덩어리나 혹처럼 보이는 무릎과 어깨를 유난히 돋보이게 했다. 녀석은 곤두선 머리카락의 가는 끄트머리부터 맨 발바닥까지 말끔하게 씻었지만, 벌벌 떨고 있었다. 녀석은 부인을 올려다보며 미소를 지었는데, 축축해서 꺼림칙해 보였지만 그래도 환한 얼굴이었다. 미국 여자는 자신의 제단 앞에서 제 딴에는 용기를 내 경의를 표하는 이 괴상한 녀석을 향해 똑같이 미소를 지어보였다. 그는 갑자기 청결하게 보이려고 딱할 정도로 애를 썼던 것이다. 이번이 아마 처음 해본 목욕이지 싶었다. 부인은 자신한테 바쳐진 무언의 제물을 알아보았다.

"여기 저 여자애 옷이요." 아이는 계속 말했다. "받으시고 바구니는 날 줘요. 내가 먼저 앞서서 위험한 곳들이 어딘지 알려줄게요. 이 산은 엄청 커요. 모래밭이 있는가 하면 뱀 굴이 있고 저쪽 높은 곳 바위들 사이에는 호랑이 굴도 있어요. 나한테 꼭 붙어요. 무서워하지 말고."

오르막 산길은 타고 오르기가 어려웠다. 태초의 야밤에 그 산이 깨져 나올 때 그 꼭대기가 무너지면서 아래쪽 깊숙이 내던져졌는데, 들쑥날쑥한 바위들이 흘러내리면서 찢긴 산 옆구리의 계곡과 협곡들을 대충 채워놓았던 것이다.

이 험준한 지형 위에서 녀석은 확실한 길을 찾기 위해 바위의 경사면을 내려갔다 올라갔다 하며 안간힘을 다했다. 길은 결국 항상 오르는 쪽밖에 없었는데, 외국 여자가 특히 힘에 부쳐하는 오르기를 그녀가 제대로 하는지 확인하기 위해 수시로 뒤를 돌아보았다. 그쪽 길옆에서 서부인은 자신의 몸무게를 제대로 버텨주는 죽 뻗은 막대기 하나를 찾아 그 도움으로 비탈길을 올라갔다. 이들은 여러 모양의 화강암 바위들에서, 그리고 협곡들 사이에 풀이 우거진 경사지에서 고생하고 또 고생했다. 외국인 여자는 이따금 숨을 돌리려고 멈춰 서서 석양을 향해 아래쪽을 내려다보았는데, 찬란하게 층이 진 논들의 행렬이 계곡과 저지대에 걸쳐 마치 휘장 속의 풍경같이 펼쳐져 있는 것을 보고 몸에 전율을 느꼈다. 야생 붓꽃이 약간 경사진 평원에 삐쭉삐쭉 솟은 것들 사이에서 당당한 모습으로 흐드러지게 피어 있었고, 담쟁이덩굴이 길가 돌들 위에 드리워져 있었다. 가녀린 레몬 백합들이 바위 틈새에 숨어 있었고, 노란 미나리아재비들이 진달래, 수국과 함께 엉클어진 채로 빛을 내며 번득이는 변덕스런 시냇물의 가장자리를 장식하고 있었다.

거지 아이의 날카로운 가락이 그녀의 위쪽 절벽에서 소리를 냈다. 바위 꼭대기를 오를 때마다 녀석은 승리의 노래를 불러대는 것이었다. 가파른 경사를 길동무한테 따라오라고 안내하고 격려하면서 녀석의 가냘픈 팔은 신호를 보내는가 하면 하늘을 배경으로 무언극을 하듯 무얼 가리키고 기울이고 했다. 땅속에서 솟아난 못생겼지만 다정한 꼬마 도깨비처럼 녀석은 울퉁불퉁한 바위 위에서 춤을 추며 가장 쉬운 길을 알려주기 위해 흥분한 동작으로 신호를 보냈다. 서부인은 이처럼 격렬한 무언극에 손을 흔들어 화답했다. 그리고 녀석이 부르는 소리가 들려오면 자기가 어디까지 왔는지 말해주었다. 근처의 작은 언덕이 바위가 파헤쳐진 산허리에 비스듬히 그림자를 던지고 있었고, 해는 밝은 구름의 바다에 잠기면서 기운을 다해 하루를 찬란하게 끝맺고 있었다. 시원한 저녁 산들바람이 고지에서 안개를 앞세우고 불어와 바위 하나하나와 숲, 그리고 갈대밭을 흰 막으로 가려 저지대의 풍경을 차단했다. 구름에 에워싸인 것 같았다. 그 보드라운 안개 포대기가 산꼭대기를 감쌌고, 안개는 근처 관목 숲에 드리워져 시야를 가렸다. 잠시 동안은 어딜 봐도 가까운 거리만 보일 뿐이었다. 서부인은 '이슬바다'를 통과해 길을 찾고 있는 느낌이었고, 저 계곡 아래 자신이 버리고 온 세상 속에서 알게 된 모든 것들과 사람들로부터 차단된 것 같았다.

그녀는 일행이 정상에서 얼마나 떨어진 곳에 있는지, 그리고 그걸 넘어가면 수도승이 있다는 절은 얼마나 멀리 떨어진 곳에 있는지 궁금했다. 안개가 걷히지 않는다면 밤이 되었는데 좁은 산길을 찾는 게 가능할까? 아마 달이 뜰 때까지 기다리거나 아니면 비스듬히 맞닿은 바위들 사이에서 낮 시간을 기다려야 할 것이다. 김 씨는 소중한 사랑이를 지고 어디로 갔을까? 그녀가 따라잡을 때까지 왜 기다리지 않았을까? 그 주인 나리는 정말 쫓아오고 있는 걸까. 아니면 김 씨의 상상이 그런 상황을 불러낸 것일까? 주변을 에워싼 안개 속을 더듬거리면서 그녀는 거지 아이의 노래가 그쳤다는 사실을 의식하고 있었다. 그녀가 불러보았지만 대답은 없었다. 멈춰서 들어보고 다시 불러보았다. 그런 뒤 위를 올려다보았을 때 구름 사이로 별빛이라기에는 너무 붉게 번쩍이는 빛이 높은 벼랑 꼭대기에서 밝아졌다가 희미해진 뒤 다시 섬광을 발했다. 그러다가 이내 나직하게 내려앉아 일정하게 어스름한 빛을 발했는데, 앙상한 어린 형체의 윤곽이 그 빛을 배경 삼아 그림자처럼 비쳤다. 무엇에 이끌리듯 여자는 자신의 낯선 안내인과 합류하려고 앞으로 힘껏 나아갔다.

"서부인, 이거 정말 재밌지 않아?" 그녀가 높은 절벽의 가장자리를 기어올라 눈앞이 보이게 되자 그가 보낸 인사말이었다. "우린 분홍빛 구름 위에 올라 와 있어. 아줌말 안내하려고 내가 이 불을 지폈어. 아주 어두워지면 바위 사이 굴로 기어들어갔다가 아침까지 기다려야 돼. 그래도 정말 무섭겠지. 아줌마가 밤새 미국 얘길 나한테 들려줘야 해."

서부인은 불 옆에 주저앉았다. 몸의 마디마디와 근육이 모두 기운을 잃고 욱신거렸다.

"그런데 진짜 밤이 되기 전에 수도승 집에 도착해야 한다. 김씨와 사랑인 지금쯤 거기 도착했을지 몰라."

"그게 개 이름인가? 그리고 아줌마가 키우나?"

"맞다."

"글쎄, 난 아줌마가 남자애를 키웠으면 하는데. 한국인이면 누구나 남자애들을 좋아하지. 난 친척 하나 없고 나 혼자 커야 하는게 너무 힘들어. 그리고 학교도 가고 싶고. 내가 얼마나 원하는지 아줌만 몰라."

"그렇지만 난 이미 여자애 셋과 남자 애 둘을 돕고 있단다. 그리고 달이 새로 바뀔 때마다 지갑은 텅 비어 있고."

"난 설거지도 하고 밥도 하고 마당도 쓸 수 있어. 솔나무와 풀도

베고, 무덤 주위를 갈퀴로 훑어서 땔감도 만들고, 난 돈 많이 안 들어. 아줌마, 날 받아줘."

맞다. 그녀는 이미 녀석을 받아들인 것이었다. 그러나 버려진 아이를 선교사 학교에 입학할 수 있는 아이로 훈련시키려면 몇 시간을 계획을 짜고, 여러 날을 참고 가르치는 게 필요했다. 그녀는 미국에서 일당 2달러인 노동자의 가족을 방문했을 때를 회상하며 난처한 미소를 지어보였다. 그 가족 전체는 호감을 드러내며 그녀 주변에 둘러앉았는데 세어 보니 아이가 여섯이었다. "그런데 여기 아기가 하나 더 있어요. 못 보셨어요." 이들은 애를 자랑스럽게 보여주며 합창하듯 외쳤다. "이 애가 일곱째죠." 일곱! 일당 2달러! "아기 이름이 뭐죠?" 그녀가 물었다. "어니스트 웰컴." 이들은 모두 함께 대답했다. 그녀도 나지막하게 반복해보았다. "어니스트 웰컴, 그게 애 새 이름이란 말이죠?"

구름이 이들 언저리로 쓸려오다 걷히면서 금세 획 꺼지는 거미줄 같이 물방울로 변하기도 했고, 그러면 이들 주변에 낯익은 나지막한 수풀이 드러나 보였다. 그러다가 장막처럼 다시 한 번 쓸려 내려가면 바짝 쪼그라든 무명옷을 걸친 거지의 기이한 그림자가 물기 가득한 흰 안개에 내던져졌고, 그 자리에서는 불꽃이 높이 타올랐다.

김 씨? 김 씨는 어디 있나? 그녀를 찾으려고 돌아올까? 그녀가 산길을 따르기 시작했다는 것을 그는 분명히 알고 있을 것이다. 외국인 여자가 오지에서 길을 잃는다는 게 심각한 일이라는 걸 너무도 잘 알고 있을 것이다. 죽음 같은 불안감의 장막이 그녀를 덮치고 있었다. 그녀는 불 가까이 다가가 불길에 손을 내밀었다. 목이네를 찾아 나섰더라면 좋았을 거라는 생각이 들었고, 목이네는 그 기나긴 하루 동안 자신을 찾으려고 시도나 했는지 궁금했다.

거지가 가까이 와서 그녀의 수심어린 얼굴을 들여다보았다. "걱정해야 소용없어요." 그가 말했다. "내가 아줌말 돕도록 해야 해. 호랑이가 눈에 띄기 전에 호랑일 두려워해 봐야 아무 소용없어. 난 이보다 훨씬 더 무서운 곳에도 있어 봤어. 이런 건 문둥이한테 매여 있을 때, 문둥이가 욕을 퍼붓고 몽둥이로 내리치는 것의 절반도 안 돼."

"맞아, 막둥아. 그 정도로 나쁘지는 않은 거 나도 잘 알아. 그러나 난 김 씨와 사랑이가 어디 있는지 알고 싶다니까."

"아, 그 짐꾼하고 어쨌든 어디서 마주쳤었나? 아마 나쁜 놈일지도 몰라. 애를 데리고 도망가면서 우린 이 흐릿한 구름 속에 길을 잃든 말든 내팽개친 것일지도 모른단 말이지. 그 작잔 그냥 잊어버려. 아줌마와 난 바위 밑에 근사한 곳을 찾아 달이 뜰 때까지 기다리는 거야. 이 안개 속에서는 길을 찾을 수 없어. 이 불은 근처의 잔가지들을 모아 계속 살릴 수 있고. 얘기나 좀 하자, 아줌마."

서부인은 팔짱을 끼고 머리를 떨군 채 오랫동안 어슴푸레한 빛 속에 앉아 이날 하루 있었던 일들을 곰곰이 생각해 보았다. 저녁 공기는 차가웠고 마지막 햇빛의 희미한 노을은 금세 완전히 시들 었다. 광막한 잿빛 분위기 전체를 통해 그녀에게 들려온 것이라고 는 돌들이 뒤집히고 밀리고 하면서 서로 부딪치는 소리뿐이었다. 아이는 더 높은 곳에 올라가 바위 사이에 피난처를 짓고 있는 중이 었다. 그녀는 아이의 자그만 체구에 들어 있는 힘과 결연한 의 지에 감탄했다. 그가 곧 소리를 질렀다. "이리 올라와, 부인. 평평한 돌 위에다가 진짜 집을 지었어. 그 밑에 불을 피우는 중이야. 따스 한 구들방에서 자본 적 있나?"

"여러 번 자봤지, 막둥아." 여자가 아이한테 가까이 다가서며 대답 했다. "따스한 구들방은 뼛속 통증은 물론이고 심장의 통증도 가셔 주는 걸 난 잘 알고 있어. 너무 피곤해서 한 발자국도 더 디딜 수가 없구나. 나 땜에 이런 거까지 생각해 내다니 넌 정말 대단하구나."

아이는 웃으며 동굴같이 생긴 바위들 아래의 공간에 기다란 돌 들을 받쳐 그 위에 혈암 판석을 놓아 만든 평평한 바닥에 사랑이 옷을 펼쳤다. 외국인 여자는 아이가 판석 밑의 화로 앞에서 불꽃 에다가 소나무 잔가지들을 쌓아올리기 위해 몸을 굽히고 있는 것을 보고 미소를 지었다. 그녀는 한국식 온돌의 모형임을 알아차리고 불이 더 잘 붙도록 자신도 솔방울과 막대기 등을 줍기 시작했다. 축축한 연료에 불이 붙고 수평을 이룬 판석이 데워져 거지 소년을 충분히 만족시키는 데는 한 시간 남짓 걸렸다. 불길이 재 아래 붉은 숯불로 사그라질 무렵, 아이는 경사면을 뛰어올라 불을 땐 평판 상단에 조심스럽게 발을 디뎌봤다. "부인, 따스하고 아늑해. 연기는 다 날아갔고." 녀석이 외쳤다. "축축한 데서 이리 올라와. 이 돌 위에서 잠을 잘 수 있다고."

"막둥아, 이거 부잣집 아궁이 같구나. 나도 시골 아이 행세를 해야겠다. 내가 점석이가 되마. 너는 내 친구를 하고. 김 씨가 가져온 작은 바구니와 남은 점심은 어떻게 했지?"

"저쪽 경사면 아래 있는데, 내가 가서 가져올게."

완전히 지친 서부인은 따듯한 판석 위에 누우며 팔을 머리로 올렸다. 돌 위에 몸을 쭉 뻗으니 고마운 온기가 아픈 등허리와 어깨에 즉시 아늑하고 쾌적한 느낌을 주며 스며들었다.

"이제 절대 못 일어나." 그녀는 혼자 말했다. "이 세상에 이 돌만큼 내게 호사스러운 것은 없을 거야. 피곤해 죽을 것 같애. 버려진 애들이 하루를 헤매며 돌아다니다가 느끼는 게 이런 걸까? 오늘 모험은 이 정도로 끝나면 좋을 텐데."

막둥이의 헝클어진 머리와 큰 눈이 그 순간 피난처 입구에 나타났다. 녀석은 애교 어린 미소를 지으며 촉촉한 점심 바구니를 그녀에게 건넸다. "축축하지만 대추는 많이 상하지 않았어." 녀석이 즐거운 목소리로 말했다. "나는 멸치를 먹을 거야. 멸치는 상해서 아줌만 배탈이 날 게 확실해."

"고맙구나, 막둥아. 난 근데 하나도 배 고프지 않단다. 그 바구니엔 한 사람한테 충분한 양밖에 없어. 난 너무 편해서 움직일 수조차 없다."

아이는 게걸스러웠다. 서부인이 먹는 데 전혀 신경쓰지 않는다는 걸 알자 정말 맛있다는 듯 음미하며 모두 먹어치웠다. "이제 가만히 누워 자." 녀석이 가르쳐주었다. "난 앉아서 이산 저산 떠돌아다니는 호랑이 같은 것들을 감시해야지. 그게 겨울철 지독하게 추울 때 점석이와 내가 하던 방식이야. 그러면 순사가 따스한 구멍에서 우리를 방망이로 쫓아내기 시작하지. 그 놈들은 정말 쩨쩨해. 그런데 우리가 순사들을 먼저 발견하고 아궁이로 뛰어들면 잡을 수가 없어. 그치만 그러다가 불에 데기도 하지."

"점석인 어디서 만났지?"

"언젠가 밤에 다리 밑에서. 팔을 묶으려고 거기 기어들어왔어. 팔이 부러졌는데 비명을 지르는 자기를 누가 붙잡아가는 걸 원치 않았던 거야. 점석이는 똑똑해. 물건들을 어떻게 구하는지 아줌만 믿지 못할 거야. 점석인 일할 필요가 없어. 그런데 아줌만 그걸 도둑질이라 부르겠지. 아무한테도 얘기 안하면 내가 말해줄 게 있어. 점석이는 엄마가 있어. 점석인 사람들이 그걸 알기를 원치 않아. 사람들이 진짜 고아 거지가 아니라고 하면 밥을 안 내놓을 것이기 때문이지. 개 엄만 부잣집 종이야. 그래서 자주 볼 수가 없지. 밤에 아궁이로 기어들어가면 엄마 얘기를 많이 해. 그러면 난 목이 답답하고 아파. 다음번에 엄마 이름을 또 말하면 내 그놈 머리를 땅바닥에 처박을 거야."

서부인은 눈에 반짝이는 것을 감추려고 고개를 돌렸다. 그녀의 목도 아파왔다.

"막둥아." 그녀가 조용히 말했다. "밤에 누우면 난 우선 하느님 아버지한테 말을 건단다. 지금도 그분한테 말을 할 거다. 손을 잡고 고개를 숙여봐."

"자비로우신 아버지." 여자는 시작했다. "당신의 귀는 이 가련한 얘기를 들을 수 있게 열려 있습니다. 여기 당신의 어린 양 하나가 있습니다. 이 아이가 어쩌다 잘못되었는지 모르겠습니다. 그러나 저는 당신이 이 아이를 저한테 데려오신 뜻을 알고 있습니다. 오늘 밤 저희를 위험에서 지켜주시고, 아침 해가 뜰 때까지 저희를 안전하게 보호해주시옵소서. 사랑일 찾는 걸 도와주시고 이 아이가 다치지 않도록 해주시옵소서. 아멘."

여자의 목소리가 그치고 모든 것은 적막했다. 바람은 잦아들었고 침묵은 꺼져가는 불이 내는 탁탁거리는 소리에 의해서만 깨질 뿐이었다. 산허리는 고요한 어둠의 깊은 적막감을 품고 있었다. 이윽고 들려온 밤새 한 마리의 호소력 짙은 울음소리는 암놈 짝한테 자기가 충실한 파수꾼 역할을 하고 있음을 확신시켜주는 듯했고, 안개는 돌과 잎에서 떨어져 내렸다. 시간이 흐르면서 구름은 산비탈을 따라 흘러 계곡에 작은 바다처럼 내려앉았다. 안개가 흐른 길 자국으로 물기를 머금은 엷은 연무가 흩날리는데, 이 '누더기처럼 찢어진 안개의 둑'은 파편으로 분해되어 형체도 없이 허공으로 사라지는 것이었다.

"막둥아." 잠시 뒤 여자가 속삭였다. "별빛은 너무 아름답고, 난 잠이 안 온다."

"미국 얘기를 해줄 건가?" 거지 아이는 진지하게 물었다. 여자는 웃었다. "미국 어디 얘기를 듣고 싶지?" 여자가 말했다. "난 천국 얘기를 해줄 건데."

"이래도 저래도 좋으면 난 미국 얘기를 듣고 싶은데." 녀석이 대답했다. "점석이와 난 남자와 여자가 함께 발을 아래로 내리고 식탁에 마주 앉은 사진을 본 적이 있어. 식탁은 크기가 한국의 방만 했어. 글구, 아이고 뭘 먹고 있었는지! 고기가 네 종류나 되었고, 접시와 잔과 주발과 주전자에 또 먹을 게 있었고, 쌀, 보리도 아니고 기장도 아닌 이상한 것들이 가득 쌓여 있었어. 미국엔 맛있는 게 엄청 많은 거지. 젓가락도 없이 입에 어떻게 가져가나?”

“막둥이가 식당 사진을 보았구나. 우린 식탁 앞에서는 바닥이 아니라 늘 의자에 앉는단다. 그리고 포크로 먹고.”

“그거 참 이상한 풍습이네. 여기선 남자들이 따끈한 바닥에 앉아 여자들한테 소리를 지르면 밥과 김치가 작은 탁자에 얹혀 그들 머리맡에 놓이거든. 격식을 갖춰 순식간에 말이지. 아줌만 부자 남자가 술에 취해 장터에서 돌아오면서 자기 종들한테 고함을 지르는 걸 들어봐야 해. 점석이와 난 아궁이에서 덜덜 떨다가 아궁일 깨먹을 정도라니까. 미국의 ‘촌놈’들은 어디서 자나?”

서부인은 바로 고아원 생각이 났다. 그녀는 자신이 태어난 읍내의 외곽에 있는 고아원 언저리를 가보기는 했지만 늘 피해 다녔다. 거기 아이들은 한결같이 청결하고 스스로 알아서들 해서 그녀는 그 아이들이 열쇠로 돌리면 자동으로 움직이는 꼭두각시들이라고 생각했다. 그래서 그 애들한테 매력을 느낀 적은 한 번도 없었다. 그러나 이제 그 아늑한 큰 건물과 제대로 보호받으며 사는 그 애들의 밝은 얼굴이 기억에 떠오르자, 이 버려진 아이들의 나라에서 그런 구호 시설을 위해서라면 자신의 반생을 바칠 수도 있을 것 같았다. 아, 얼마나 불쌍한가! 밤이 되면 아궁이로 기어들어가야 하는 이 어린 것들!

"그 애들은 모두 큰 집에 살면서 일하고 놀고 똑바로 행진하는 법을 배우며 하나의 큰 가족처럼 커 나간다." 그녀가 결국 말했다.

"우리가 거길 가면 사람들이 점석이와 날 받아줄까?" 막둥이가 물었다. "그리고 애들이 원하면 바라볼 수 있는 엄마도 주변에 있나? 우린 일하는 걸 가르쳐주는 사람이 없어. 그래서 난 그런 쪽으로는 장래가 없어. 허나 똑바로 행진은 할 수 있지. 어떻게 노는지는 알아. '동채뽕'[41] 같은 것 말이지. 동전 따먹기도. 누구라도 우리한테 그런 걸 가르치려고 시간 쓸 필요는 없어. 난 또 어른들이 노름하는 것도 봤다. 노름은 내가 많이 알아. 그걸 어떻게 하는지 다른 애들한테 보여줄 수도 있어. 그런 델 가면 우리가 정말 써먹을 데가 있지."

"그래, 그렇구나." 선교사는 혼자 한숨을 쉬었다. "이 애를 우리 학교에 넣으면…… 내 애니까…… 그게 바로 내가 직면한 문제구나. 애를 보는 순간 알아봤지."

---

41 앞 주석 22번 참조.

“막둥아.” 여자가 큰 소리로 말했다. “미국 고아원의 아이들은 노름을 하지 않는다. 여기 우리가 데리고 있는 선교 학교의 아이들도 마찬가지고. 방림 학교에 들어가게 되면 넌 네가 지금까지 본 나쁜 짓은 모두 잊어버리고 새로 시작해서 다른 아이가 되어야 해.”

“아, 날 받아줄 거지? 지금까지 그게 줄곧 미심쩍었는데. 점석이도 받아줄 건가?”

“그건 또 다른 얘기다. 한 번에 한 아이만 받을 수 있거든.”

“그 애는 한 푼도 안 들어. 나가서 ‘구해’ 올 거야. 뭘 ‘구해 오는데’는 끝내주거든. 그 애는 겨울을 다섯 해 동안 나면서 ‘촌놈’이었지. 손으로 재주 넘기도 하고 살쾡이처럼 싸움도 잘해. 아줌마도 걔를 좋아할 거야. 쓰레기통에서 잠을 자는 진짜 상거지마냥 더럽지도 않아. 걔 아빠는 성이 정 씨였어. 무슨 말인지 아줌마가 알지는 모르겠지만.”

서부인은 눈을 감았다. 겨울밤 누더기 무명옷을 걸치고 장바닥 폐가의 낮은 처마 밑에서 떨고 있거나, 흰 이를 드러내고 지나가는 행인한테 웃으며 한 푼 달라고 손을 내미는 거지 소년들의 모습이 그녀의 상상력을 집요하게 압박하면서 불편하게 했다.

“점석인 지금 어딨지?” 그녀는 막둥이한테 갑자기 물었다.

“아, 초상집 깃발을 들고 잘 지내고 있어.” 녀석의 대답이었다.

"그게 얼마나 괜찮은 일거린지 아줌만 모를 걸. 초상이나 볼거리 행렬에서 깃발을 들게 되면 끝났을 때 큰 잔칫상에서 먹을 수 있어. 그럼 뱃속 아귀다툼이 끝나게 되지. 아따마![42] 어쨌든 그런 식으로 큰 재밀 볼 수 있어."

서부인은 마을 비렁뱅이들이 길게 휘날리는 초록빛 붉은빛 푸른빛 깃발과 화려한 색깔의 그림이나 글씨를 잡아 묶은 대나무 깃대를 들고 길을 따라 행진하는 현란한 장례 행렬을 본 적이 있었다. 이들은 우둔한 세상에 죽은 자가 남긴 덕을 곡소리를 내며 기리기도 했다. 그러나 그 비렁뱅이 행렬이 그녀한테는 이 아이 같아 보인 적이 한 번도 없었다.

"막둥아, 이 마을 저 마을로 떠돌 때 '사당'[43]이라는 곳을 본 적이 있니?"

"봤지, 근데 초상집 행렬처럼 재밌지는 않아." 아이가 대답했다. "늘 재미없다는 뜻은 아니야. 근데 택기촌[44]에 있는 어떤 집에 간 적이 있어. 방에 작은 나무가 한 그루 있었는데 초록빛이었고, 꼭

---

42 At-a-ma : 전라도 방언 감탄사.
43 a worshipping place : 이것도 우리말 소리로 물어보았을 것을 영미권 독자의 편의를 위해 뜻으로 풀어쓴 경우일 것이다.
44 Tuckey Choan : 택기촌이라는 지명은 현재 찾아볼 수 없는 지명이다. 『양림교회 100년사(I)』에 선교 활동 지역으로 '택기'라는 곳이 있는데 여기를 가리킨 게 아닌가 추정된다.

대기에 밝은 불이 켜져 있었고, 그 불 밑엔 별이 있었지. 애들이 얼마나 많은지 그 수를 셀 수도 없었어. 어디선가……아마 미국에선가 태어난 애를 위해 노래를 부른다더군. 애 엄마는 애를 말구유에다 집어넣었다더군. 사람들이 그 때문에 법석을 떠는 거야. 사람들은 모두 기쁜 듯 보였어. 남자애 하나가 일어서서 낙타를 탄 사람들이 별을 쫓아가다 아기가 태어난 곳까지 간 이야기를 들려주더군. 거기서 그쳤지. 더 이상 얘기를 들을 수가 없었어. 거구에다가 칼을 찬 순사가 왔기 때문이야. 난 빨리 달아날 수가 없었어. 그날 사과 껍질밖에 먹은 게 없었거든. 순사가 내 머리를 내리쳤어. 난 돌멩이를 던졌는데, 그게 순사 어깨에 있는 구리 장식 하나를 맞혀 떨어뜨렸어."

"막둥아, 그 애들이 노래 부르던 그 아기가 예수님이란다. 그분이 그날 밤 태어났기 때문에 내가 여동생과 엄마를 남겨두고 이 땅에 온 거야."

"아줌마 엄마라고? 엄마가 살아 있어? 미국에 남겨 둔 채 낙타를 타고 별을 쫓아왔단 말야?"

서부인이 대답하는 목소리는 정말 달콤하고 나직했다. "그런 식으로 생각해 본 적은 없지만 그랬을 것 같구나." 그녀는 아주 부드럽게 말했다.

6

산에서

"바로 우리 뒤 산꼭대기 밝은 한가운데서 달이 솟아오르는구나." 부인이 말했다. "내 머리 위 돌들 사이로 보인다. 수도승 암자까지 오늘 밤에 갈 수 있을 정도로 환할까?"

"난 괜찮겠지만," 막둥이가 대답했다. "아줌만 바위들 사이 큰 틈새에 빠지거나 벼랑에서 떨어져 죽을 거야."

"여기 있어야 한다면 이야기나 해 보자꾸나. 네가 하나 들려줘, 그럼 내가 멋진 얘길 하나 해줄 테니."

"좋아." 아이가 동의했다. "당나귀를 알에서 까려던 남자 얘기를 해 줄게. 부인은 가만히 누워서 자도 돼."

옛날 부잣집 아들이 있었는데 이름이 오신래[45]였어. 매일매일 먹고 싶은 걸 모두 먹어도 행복하지 않았대. 그래서 아버지가 서울 가서 큰 구경하고 돈도 많이 써도 좋다고 말했다지. 그래서 길을 떠나게 됐어. 그 사람은 어떤 예쁜 기생한테 같이 가자고 했대. 여자가 따라왔어. 돈을 다 쓸 때까진 행복했겠지. 돈이 떨어지자 기생은 욕을 퍼붓고 또 퍼붓더라는 거야. 그러니 여자가 이제 아픈 이빨만큼이나 데리고 다니기가 진저리 난 거야. 여자를 떨쳐보려고 했지만 그러지 못했어. 그러던 어느 날 둘이 길을 가고 있었는데, 오신래는 어떻게든 기생을 떨쳐버릴 궁리를 하고 있었겠지. 그때 누추한 차림의 사내가 나귀를 타고 지나갔어. 오신래는 그 나귀가 갖고 싶어졌어. 기생을 놔둔 채 타고 뜨면 되거든.

"그 나귀는 어디서 났소." 그가 농부한테 물었지.

"알에서 깠습죠." 농부가 대답했지.

"아 그래!" 오신래는 말했어. "나귀를 까는 알이 있으면 하는데."

"소인이 해드릴 수 있는 걸 말씀드리죠." 농부가 제안했어.

"나리 머리에 달린 호박 장식을 저한테 주시면 내 나귀 알 세

개를 드리리다. 그럼 쉰네가 한 것처럼 이런 놈을 키울 수 있다오.”

“좋소.” 오신래가 말했어.

“농부는 자기네 곳간이 있는 길을 따라 잠시 나귈 타고 가
더니 수박 세 통을 갖고 왔어. 그렇지만 오신래는 고향에서 수
박을 키워 본 적이 없어 그게 수박인줄 몰랐던 거야. 그는 그래
서 농부에게 호박 장식을 주었지. 오신래와 기생은 오신래의 숙
부가 사는 집까지 그 수박들을 옮기느라 힘이 들었지만 결국
갖다 놓았어. 숙부는 기생 때문에 기분이 썩 좋지 않았어. 오
신래는 여자를 돌려보낼 거라고 말했지. 그러나 여자는 안 가
려고 했어. 오신래는 숙부한테 기적 같은 나귀 알 얘기를 했지.
숙부는 밭에다 그걸 심겠다고 말했지. 오신래는 매일 밤 밭으
로 가 알이 깼는지 확인했지.

하루는 달밤에 갑자기 나가 봤는데, 미끈한 갈색 동물의 등
이 알을 심은 곳에서 달아나는 거야. 그리고 땅이 발굽 자국으
로 파헤쳐진 게 분명했어. 그리고 알 중 하나가 껍질만 둘로 쪼
개진 채 속이 사라진 거야. 오신래는 신이 났지. 그러나 나귀는
달아난 거야. 다음날 밤 똑같은 일이 있었어. 알은 깼지만 나귀
는 없는 거야! 다음날 밤 그는 올가미를 빌려 가지고 소리가 들
리자 재빨리 뛰어나갔지. 거기서 동물 세 마리가 마지막 알의

가운데를 먹고 있는 거야. 그는 그 중 한 마리에다가 올가미를 던져 집으로 데려왔지. 그건 나귀가 아니라 사슴이었어! 오신래는 속은 걸 알고 퍼질러 앉아 울었지. 더구나 아름다운 호박 보석까지 잃어버렸으니…… 다음날 그는 기생과 결혼하고, 여자를 집으로 데려가 아버지한테 끈질기도록 빈둥빈둥 빌붙어 살았지. 만사가 다시 평온해졌어.[46]

막둥이는 숨을 고르느라 멈췄다. 그리고 "이제 아줌마가 해"라고 말했다.

서부인은 얘기를 들으면서 아이의 아기자기한 환상과 표현에 혼자 미소를 여러 차례 지었다. 따듯한 바닥에 편안하게 몸을 붙이고 이야기를 시작했다.

"막둥이 네가 택기촌 교회에서 들었다는 아기 얘기를 해주마. 우선 하늘나라에 사시는 신이 있다는 사실을 알아야 한다. 이 세

---

46 저자는 이와 비슷한 이야기를 그가 직접 종사했던 기생이나 과부 등 불우 여성 돕기 사업 등을 통해 우연히 전해 들었을지도 모른다. 그러나 이 이야기는 등장인물들의 동기나 사건의 전개가 너무 엉성하다. 중간중간에 저자가 이해가 제대로 안 된 부분을 자의적으로 고쳤을 가능성이 있다. 우리한테는 어디 먼 딴 나라의 민담 같은 느낌을 주는 게 흥미롭다. 더욱 흥미로운 것은 『사랑이』 전체가 이와 비슷하게 이질적인 느낌을 주고 우리 독자들한테 머릿속으로 수정해가며 읽는 특이한 읽기 과정을 촉발시킨다는 사실이다.

상 모든 아이들은 그분의 자식이야. 이 아이들은 만들어질 때부터 고집이 아주 셌단다. 그래서 저희들 하고 싶은 대로 하려고 했지. 하느님 아버지가 만드신 법을 하나하나 모조리 깨뜨렸고, 자기들 을 수도 없이 잘못 인도한 사악한 적을 섬겼지.

하느님 아버지는 잘도 참으셨다. 그래서 그 비뚤어진 아이들을 다시 부르려고 하인들도 보내고 친구들도 보냈지만, 아이들은 제 갈 길만 고집하고 사악한 적이 약속한 휘황찬란한 것들만 좋아했 지. 그래서 아버지한테 되돌아온 이들은 그리 많지 않았다. 마침내 아버지가 진짜 아들을 보냈어. 아버지 자신의 분신이었지. 이 아들 은 이 세상의 아기처럼 태어났다. 아기의 엄마는 처녀였고, 그 아 이 이름은 예수였다. 예수는 자기 형제자매들 사이에서 살며 날마 다 하늘나라 아버지의 사랑과 비뚤어진 애들의 귀향에 대한 아버 지의 염원을 이들한테 가르쳤지. 예수님은 또 하느님 아버지가 자 신들을 용서하고 아버지한테 돌아오면 벌을 받지 않는다고 말씀하 셨단다. 예수님은 가난한 이들을 사랑했고, 맹인의 눈을 뜨게 해주 었으며, 문둥병 환자도 고쳐주셨다. 그리고……"

"우리 늙은 문둥이는 안 고쳤잖아." 막둥이가 끼어들었다. "그 사 람은 악마 같았어. 부인, 그 작잔 거시길 먹어치웠다니까. 허긴 얘 기해서 뭣해. 아버지 아들 얘기 좀 더 해봐. 그 예수 말이야."

“막둥아, 그분이 이 세상 사람들을 위해 하신 가장 위대한 일은 하늘에서 기다리시는 아버지 얘기를 해주신 거다. 그리고 우리 모두 각자를 위해 하늘나라에 준비해 두신 아름다운 보금자리도 그렇고.”

“우리를 위한다고. ‘나’도 말이야? ‘나’를 위한 집?”

“물론이지. 너도 아버지의 자식들 중 한 명이란다. 막둥아, 아버지는 널 사랑하셔. 그리고 아버지는 우리 모두를 위한 큰 집이 준비되어 있다고 말씀하셨다. 내가 얘기할 테니 잘 들어봐. 예수님이 어딜 가시든 그분은 고통과 권태, 굶주림과 질병으로부터 구원해주셨고, 사람들이 아버지를 찾고 구할 때 그분은 분노와 증오의 독 또한 제거해주셨다.”

“하느님은 추운 겨울밤 눈이 깊이 쌓이고 배는 지독하게 아프고 이제 굶어죽는 길밖에 없는 거지 애들을 알고 있나? 난 그런 애를 본 적이 있거든.”

“맞아, 그분은 모든 거지애들이 고통 받는 걸 알고 계셔. 그분도 이 땅에 계실 때 집이 없으셨거든. 그분은 이 마을에서 저 마을로 옮겨 다니셨지.”

“아, 그분은 거지였나? 아줌만 그분이 아버지가 있다고 말한 것 같은데?”

“아버지가 있었지. 그러나 아버지가 그분을 사람들과 함께 살아

보라고 이 땅에 보내신 거야. 그분이 그들과 함께 걷고 얘기하고 어떻게 사는지 보지 않았다면 가난하고 버림받은 애들한테 신에 관한 얘기를 어떻게 했겠어?"

"난 천국이 어딨는지 알아." 막둥이가 갑자기 말했다.

"어딘데, 그리고 어떻게 알아?"

"미국에 있어. 난 그걸 오래 전부터 알았지. 늙은 문둥이가 미국의 글자 뜻이 '아름다운 나라'라고 말해 주었어. 하지만 신이 날 위해 집을 준비했다는 건 잊어버려. 내가 태어난 줄도 모르고 있을 걸! 아줌마, 날 왜 그런 눈으로 봐? 얘기나 계속 들려줘. 예수는 아버지한테 되돌아가서 그 집들 중 한 채에서 살고 있나?"

"맞아." 미국 여자가 대답했다. "그 전말은 이래. 사람들은 그가 자기들이 잘못한 것을 얘기하니까 화가 났지. 그래서 그분을 죽여 없애기로 했어. 이들이 그분을 체포하려고 온 날 밤에 그분은 달빛 아래 정원으로 나가 나무 밑에서 아버지한테 자신은 천국으로 가는 길이 사람들한테 훤히 드러나도록 죽을 준비가 돼 있다고 말씀드렸단다. 그 시각에 그분은 모든 사악함, 모든 죄악과 잘못, 심지어 지금까지 저질러진 실수들에 따른 고뇌와 아픔을 느꼈단다. 그 통증은 너무 심해서 이마의 땀이 피처럼 흘러내렸고, 그분은 아버지 앞에서 괴로워하며 신음했단다."

"뭣 땜에 그랬는데? 왜 그냥 모두 그만두고 사람들 하고 싶은 대로 하라고 놔두고 아버지한테 돌아가지 않은 거지?" 이렇게 묻는 아이의 목소리가 떨렸다.

"그 고통과 죽음으로 천국으로 가는 길이 더 쉬워졌기 때문이지. 그리고 그 희생으로 수많은 사람들이 하느님 아버지한테 인도를 받은 거야."

"그럼, 난 희생 제물을 많이 본 셈이네." 막둥이가 말했다. "무덤 앞에서 말이지. 하지만 신은 이것과는 아무런 상관이 없어. 한가족의 어른들과 소중한 아이들이 산 중턱에 가서 조상의 무덤 앞에 밥사발을 놓고 혼령 앞에서 절을 하고 나서 모두 둘러앉아 밥과 김치와 계란 등을 먹어 치우지. 부인, 그거 정말 재밌는 나들이야."

말을 멈추고 잠깐 쉰 다음, 아이가 계속했다. "근데, 부인. 사람들이 그분을 죽였나?"

"그렇단다, 막둥아. 사람들은 그분을 죽였다. 사람들은 그분을 체포한 다음 그분의 이마에 가시로 만든 왕관을 씌웠단다. 그런 다음 놀려먹고 그분 얼굴에 침을 뱉었다. 그러고는 커다란 십자가를 만들어 그분의 손은 나무에, 발은 기둥에 못으로 박았단다. 그분이 죽자 끌어내려 커다란 바위를 뚫어 만든 무덤에 집어넣었다. 그러나 그분은 거기 머물지 않으셨다. 사흘 뒤 그분의 영혼이 몸에 되돌아왔고, 예수님은 그 무덤에서 살아 걸어 나오셨다. 그분이 신의 아들이고 그분은 죽음보다도 강하시다. 그분은 제자들과 며칠 머무시다가 땅에서 상승해 푸른 하늘로 곧장 올라가셨다. 그때 얼마 전 우리가 그 속에 들어갔던 것과 같은 흰 구름이 그분을 받아들이자 시야에서 사라지셨다. 그분의 자리는 하느님 아버지 오른쪽이지만 그분은 그분을 사랑하는 이들의 가슴속에 사신단다."

"미국에?"

"맞아, 그러나 여기 이 땅에도 사셔. 그분은 네가 부탁하면 너와 함께 살아주신단다."

"난 그 문둥이와 삼 년을 살았기 때문에 그분은 나와 살 수 없어." 막둥이가 말했다. "그건 지옥이야. 나는 속이 온통 검정색뿐이지. 부인, 달이 점점 더 밝아지네. 날 따라온다면 내가 데리고 산길을 오를 수 있어. 그럼 아마 동 트기 전까지 수도승 암자에 도착할 수 있을 거야."

"해 보자." 여자가 말했다. "이 따듯한 돌들이 날 쉬게 해 주었어. 이제 해낼 수 있을 것 같다. 길을 나서든지 아님 불을 더 피워야 해. 점점 더 추워지거든."

"내가 앞장설 테니까 아줌만 날 바짝 따라와." 아이가 말했다.

두 순례자는 함께 어두운 밤 속으로 들어가기 시작했다. 이들

은 쓰러진 폐허처럼 누워 있거나, 비바람에 씻겨 날아온 흙에 반
쯤 묻혀 버린 거대한 바윗덩이들 위를 조심스럽게 천천히 나아갔
다. 길은 쉽지 않았다. 무성한 숲과 들쑥날쑥한 바위들 사이의 길
을 흐린 달빛 아래에서 계속 따라갈 수 없었기 때문이다. 새벽의
첫 가물거리는 빛이 동쪽을 물들일 때 이들은 고갯길 정상에 도
착했다. 서부인은 순간적으로 오르막길의 지겨움과 간밤의 불안과
걱정을 잊었다. 놀랄 만큼 아름다운 장관이 그녀 앞에 펼쳐졌기
때문이다. 그녀는 이제 구름 위에 떠 있었고, 햇빛은 수평선으로
뻗어 있는 산봉우리들의 능선 끝자락을 건드리고 있었다. 초록 빛
깔의 옷을 입은 아래 산들의 경사면들은 흰 안개의 막으로 덮여
있었다. 간밤에 유령의 바다처럼 계곡을 채우기 위해 흘러 내려온
물기의 파도였다. 환상은 완벽했다. 가만히 얼어붙은 구름의 바다
였고, 수많은 협곡과 계곡을 하나하나 굽이굽이 채워놓은 것이었
다. 거품을 인 파도들이 암초를 향해 높이 돌진했고, 흐릿하고 드
문드문한 하얀 모자 형상의 구름들이 꿈결같이 모여 있는 섬들 위
를 굴러가다가 멈춘 것 같았다. 그림으로 그린 바다였다. 서부인은
감탄하여 매료된 채 멈춰 서서 아름다운 배경 위에 하루가 새롭게
펼쳐지는 기적을 지켜보았다. 아이는 여자의 얼굴을 올려다보더니
여자를 따라 그 압도적인 장관으로 시선이 옮겨갔다. 녀석은 여자

의 발치께에 있는 바위에 앉은 채 오랫동안 말이 없었다.

"부인, 저 구름바다에 배 한 척이 있으면 좋겠지?" 녀석이 마침내 속삭였다.

"그걸 왜 묻지, 막둥아? 배가 있더라도 안개로 만든 허깨비 배겠지. 그래서 해가 높이 뜨면 이 동화 같은 장면처럼 사라지겠지."

"난 허깨비 배가 뭔지 모르지만 배를 보면 미국으로 돌아가고 싶어 하지 않을까 걱정했지."

"내가 늘상 내 여동생과 엄마를 보고 싶어 한다고 누군가 말했지? 배든 떠 있는 뭐든 보기만 하면 고개를 홱 돌리고, 나를 이 땅에 보낸 분만 열심히 생각한다고 말야? 그건 바로 부두로 달려 내려가 배에 올라타거나 물속으로 뛰어들어 헤엄을 쳐서라도 배에 오르고 싶은 나를 스스로 막으려 했기 때문이지." 부인은 말하면서 이른 아침 빛으로 인해 분홍색을 띤, 거대한 성당의 기둥 같은 절벽을 보기 위해 몸을 돌렸다.

그녀의 눈빛에는 거지 아이로 하여금 "부인, 미국으로 돌아가. 이 나라에 머물지 마. 우린 그럴 만한 가치가 없어"라고 말하게 만드는 무언가가 있었다.

그녀가 눈빛을 번쩍이며 아이한테 몸을 돌렸다. "막둥아, 난 네가 그럴 만한 가치가 있어서 여기 있는 게 아니다. 나는 예수님의

명을 받고 여기 있는 거야. 난 그분을 섬긴다. 내가 고국으로 돌아가다고 절대로 생각하지 마라. 내 주인님의 말씀을 들어야 하는 수많은 너희들이 있는 한 말이다."

아이는 여자로부터 물러서서 난처한 듯 삐쭉삐쭉한 머리카락을 꼬며 이마를 약간 숙인 채 여자를 바라보았다. 여자의 얼굴에서 시선을 떼지 않은 채 녀석은 천천히 풀과 덩굴 사이에서 길을 찾아 나아갔다. 무언가가 녀석의 어깨를 스쳐 지나가자 물방울이 억수같이 머리 언저리에 쏟아졌다. 자신을 작은 이슬방울로 흠뻑 적신 높다란 백합나무로 녀석이 뛰어들었던 것이다. 녀석은 웃으며 꽃을 향해 손을 뻗었다.

"저게 아줌마 모습이구나." 그는 혼자 말했다. "붉게 물든 바위 배경에 키도 크고 예쁘고, 저렇게 똑바로 서 있는 걸 보니 천사라도 더 예쁘지 않겠지."

날은 더 밝아졌고 산허리 훨씬 아래쪽으로 길이 다시 보였다. 밤이 이제 지나갔다는 사실이 정말 좋아서 소년은 수풀을 흔들었고, 자신을 적신 이슬 홍수에 웃음을 터뜨리고는 나지막한 수목들 사이로 길을 찾아 가파른 내리막을 서둘러 내려갔다.

그는 뒤쪽으로 서부인을 부르며 산길을 찾았다고 말해주었다. 그리고 다시 젖은 풀과 긴 줄기의 야생화들 사이를 달리면서 소나무 아래 솔방울들 속에 있는 것으로 알려진 산딸기나 밤들을 찾아보았다. 그는 노래를 부르기 시작했다. 즉흥 소품곡의 운율이 산허리를 떠 흘렀고, 외국인 여자는 녀석이 자기가 힘을 다해 내는 설익은 고음의 미세한 떨림 하나하나가 선교사 학교 입학을 더 확실하게 보장해준다는 사실을 알고나 있는지 궁금했다. 간밤의 불편함은 사라졌다. 서부인은 피로와 어깨 통증을 더 이상 느끼지 않았다. 둥둥 떠 있는 듯한 산바람과 찬란한 하루의 시작은 신명을 나게 했고, 혈관을 통해 달콤한 흥분을 휘젓는 것 같았다. 그녀는 신선한 아침의 숨을 깊이 길게 들이마셨고, 생명의 소중함에 팔을 머리 위로 들어 올리고는 발치의 양탄자 같은 이끼 위에서 춤을 추었다. 그런 뒤 깨진 바위들과, 거지 소년이 나뭇가지들을 부러뜨려 표시한 길이 있는 수풀 사이로 몸을 흔들며 걸어갔다.

"이 가시나무들이 옷을 다 찢어버리고, 스타킹도 올이 빠지기 시작하면 나 자신 정말 거지처럼 보이겠지." 그녀는 생각했다. "그렇지만 이건 정말 신나는 일이 아닐까! 이런 차림으로 방림에 나타나면 소동이 일겠지. 그 수도승 암자는 얼마나 남았을까? 사랑일 찾아야 해."

그녀는 울퉁불퉁한 바닥에서 길을 찾아 바윗덩어리들의 허리를 내려갔다. 각진 바위 기둥들이 깨지고 닳아서 성당 같은 절벽의 아래로 직행하는 계단들을 이루고 있었다. 그녀는 빈터에 폴짝 뛰어내렸는데, 거기엔 야생 붓꽃과 털이 수북한 고사리가 풀 속에서 자라고 있었다. 녀석한테 내려가자 막둥이는 감탄하는 눈빛으로 여자를 올려다보았다. "그건 사슴이 뛰는 식이네." 그가 말했다. "부인, 이거 아침 식사야. 도토리나 산딸기뿐이지만 입에 맞을 거야. 어서 드시고 바로 내 옆에 붙어 있어야 돼. 이 산에 있는 이상한 무언가에 가까이 갈 텐데, 아줌만 겁이 날지도 모르거든."

"그게 뭔데?" 여자가 녀석의 그렇고 그런 작은 얼굴을 보고 미소를 지으며 물었다. "수풀 속 호랑이를 봤나? 아님, 그 주인이 우릴 발견했나, 아니면 도깨비라도 보았나?"

"그런 건 아니고, 이 바위들 속 어딘가 사람이 있어. 지금 이 순간 우릴 보고 있을지도 몰라. 나하고 멀리 떨어져서 길을 잃고 헤매지 마. 저기 오래 된 돌벽 보여?"

"그래, 보이는데. 없어진 절터 일부이거나 옛날 제단 일부인 것 같은데."

"글쎄, 보이는 그대로야. 저 돌들은 누가 손으로 오래 전에 갖다 놓은 거야. 그저 저렇게 우연히 쌓인 게 아니라고."

"벽 위로 깨진 작은 탑도 있군." 부인이 말했다. "옛날에 계곡 사람들에게 위험을 경고하기 위해 전황(戰況)을 산 정상에서 불을 피워 알리는 데 사용한 봉화 신호 얘기를 들은 적이 있어. 저 바위들은 세월과 풍화로 검어졌군.”

“한국인이라면 누구나 저 봉화에 대해 알고 있지.” 아이가 대답했다. “하지만 옛 폐허는 이빨이 덜덜 떨리게 할 그런 거는 아냐. 여기 와봐. 보여주고 싶은 게 있어.”

서부인은 키가 큰 풀들을 헤치고 자줏빛 붓꽃 줄기들 사이를 걸어갔다. 그녀는 바위 층으로 이뤄진 땅바닥에 담을 두른 모습이 눈에 띄자 걸음을 멈추고 의문에 잠겼다. 가는 기둥들이 사각의 형태로 땅에 박혀 있었고, 이 기둥들은 긴 새끼줄로 엮어져 담장을 이루고 있었다. 이 새끼줄에는 수십 장의 꼬깃꼬깃한 흰 종이가 붙어서 가벼운 바람에 날리며 펄럭거렸다. 이 담장 너머, 담장 안의 중앙에는 긴 풀, 대나무, 막대기로 지은 오두막이 있었다. 입구는 뾰족한 지붕 끝에서 바닥까지 뻗쳐 있었고, 바로 앞에는 진흙과 돌로 만든 소형 화로가 있었는데 조리를 하는 곳이 분명해 보였다.

“누군가 왜 여기까지 올라와 산다고 생각해?” 서부인이 물었다.

아이는 담장 안을 둘러보더니 손을 등 뒤로 하고 서서 그녀를 올려다보았다.

“혼령들을 모시기 때문이야.” 그가 대답했다. “저 종이들이나 새끼줄이 꼬인 모양을 보면 알 수 있어. 조상들을 땅에서 파내느라 여기 올라와 있을 수도 있고. 그러는 사람들이 많아. 올해 날은 가물고, 쌀은 비가 와야 되고, 재수는 지독하게 나빠서 그러는 거야. 누가 있는지 내가 저 풀집으로 들어가 볼게."

여자가 대답도 하기 전에 아이는 여자 옆을 스쳐 지나 새끼줄 밑으로 기어 움막으로 들어갔다. 입구가 너무 낮아 들어가는데 바닥에 웅크리지 않을 수 없었다. 움막 속에서 잠깐 있더니 다시 입구로 기어 나왔다. 서부인이 그를 향해 걸어가 아이 모습을 보고는 깜짝 놀랐다. 알 수 없는 변화가 아이를 덮쳤던 것이다. 애의 커다란 눈이 잿빛으로 축 늘어진 표정을 통해 아래에서 위로 그녀를 응시하고 있었는데, 그 짧은 시간에 몇 년의 세월이 그의 머리 위로 흘러간 것 같았다. 그녀는 아이를 다시 보고, 움막도 다시 보았다. 막둥이한테 그런 변화를 있게 한 것은 하나도 보이지 않았다. 그는 일어서서 자기 어깨를 내려다보더니 그녀한테 빠르게 다가섰다.

"부인, 여길 뜨자." 그가 재빨리 말했다. "사랑일 찾아야 돼. 목에 숨이 꽉 막혀 뭘 좀 마셔야겠어. 저기 큰 소나무들 아래 샘이 있어. 아줌만 나한테 꼭 붙어. 위험한 길이거든."

미국 여자는 한국의 아이들을 너무 잘 알고 있었기 때문에 막둥이를 다그칠 수는 없었지만, 그녀는 호기심이 완전히 발동한 상태였다. 한 인간이 저 고립된 곳에 살고 있는 게 확실해 보였다. 그가 누군지, 아이는 뭘 보아서 이렇듯 갑자기 무서워하는지 그녀는 짐작도 할 수 없었다. 그녀는 간밤의 사건들을 떠올렸다. 녀석은 그때, 가까이 다가온 위험에도 두려워하지 않았고, 김 씨를 사로잡은 귀신들과 허깨비들에 대한 미신 같은 공포가 자기를 짓누르도록 놔두지도 않았다. 그런데 지금 녀석의 이빨은 덜덜 떨리고 있었고, 손은 저고리 소매에 찔러 넣은 채 자신을 가누기 위해 자그마한 몸을 웅크리고 있었던 것이다.

사랑이를 찾은 이래 서부인은 양반과 그 종들이 뒤따라올 것을 분명히 예상했고, 산을 죽 타는 동안 그녀는 그 양반이 어디선가 길을 돌아들며 나타날 것이라고 생각했다.

그러나 아이가 그때 무서워하는 그녀를 보고 웃었다. 녀석은 양반은 얼마든지 만날 수 있다는 입장이었다. 녀석은 그 양반한테 협박해 봐야 하나도 소용없고, 그의 계획은 이미 막혀 있다고 말해주고 싶었으며, 거지들이 보통 때 그러듯이 야유하며 놀려먹고 싶어 했다. 그렇지만 신체적 위험에 대한 두려움 이상의 무언가가 그의 배짱을 흔들고, 그의 용기를 앗아간 건 틀림없었다. 녀석은 이제 성당 같은 바위들 아래 수백 미터 떨어진 곳의 샘물로 내려가는 수풀 속 길을 찾기 위해 서두르고 있었다. 당황한 그녀는 녀석을 바로 뒤에서 따라가며 이렇게 난감할 때는 가깝게 붙어 이해

해주면서 잠자코 있는 게 녀석을 돕는 것이라고 생각했다.

아름다운 양치류와 블루벨 꽃들이 듬성듬성한 바위들과 그 틈새에서 자라고 있었고, 그해에 깨어난 꼬맹이 새들이 진달래들 사이를 경쾌하게 날며 이른 철 먹이감 벌레들의 품질을 탓하거나, 산딸기는 왜 거둬 먹기 어렵게 더디게 열리는지 잡담을 하고 있었다. 아침 안개는 저지대에서 올라왔고 낮 시간의 밝은 기운은 계곡으로 슬며시 흘러들어 흐릿한 음영을 다시 말아 걷어가거나 돌출한 지형이나 거기 얹혀 있는 나무들의 발코니를 장밋빛으로 물들였는데, 허공에 뜬 뿌리들은 아래 계곡을 굽어보면서 하늘을 배경으로 기이하게 엉켜 있는 무늬를 이루고 있었다.

여자는 아이 옆으로 가서 맑은 냉수를 마시려고 몸을 구부렸다. 녀석이 여자를 보고 미소를 지었다. 그녀는 아이의 얼굴에 혈색이 좀 돌아와 있는 것을 보았다. 가까이에 고여 있는 물에서 여자는 꼼지락거리는 올챙이를 한 마리 잡았다. 올챙이의 근엄한 눈빛과, 체면 차릴 것 없이 물로 서둘러 돌아가려는 몸짓이 두 사람을 웃게 만들었다. 아이의 표정에 서린 긴장감이 누그러지기 시작했다. 서부인은 아이가 마음을 열고 움막에서 무슨 일이 있었는지 말해줄지 궁금했다. 무엇을 보았기에 얼굴에서 핏기가 가시고 그렇게 힘들어 했을까. 그러나 막둥이는 계속 말이 없었다. 이들은 물가에서 잠시 머물렀는데, 개울물이 졸졸 흘러가는 소리에 실려 아이가 내는 것 같은 울음소리가 들려왔다. 오른편 좁은 틈에서 흘러 나왔는데 햇빛이 전혀 들지 않는 곳이었다. 녀석은 불안한 듯 흠칫 놀라더니 벌떡 일어섰다.

"저건 올빼미 소리야." 그가 말했다. "그래도 겁나, 부인. 여기서 빠져 나가야 해. 이리 와, 내가 보여줄 게 있어." 녀석은 아래 돌출부로부터 거인의 성탑처럼 수직으로 향한 거대한 바위에 몸을 착 닿게 던졌다. 엄청난 높이의 각진 기둥이었다. 녀석은 따라오라는 뜻의 동작을 했다. 여자는 천천히 바닥의 길을 따라 벼랑의 가장자리까지 간 다음, 아래쪽으로 아이 옆에 몸을 던졌다. 아이가 내뻗은 팔이 가리키는 방향을 따라서 여자는 산허리 저 밑으로 갈색 처마 지붕의 둥근 꼭대기를 보았다.

"수도승 암자야." 녀석이 말했다. "아줌마가 찾는 여자애는 저기 있어, 그 짐꾼도 저기 있고. 아무 일도 없었다면 말야."

서부인은 안도하며 감탄했다. "막둥아, 이제 길을 다 온 것 같구나." 여자가 외쳤다. "기쁘지 않아? 날개가 있다면 곧장 저기로 날아갈 텐데. 움막 옆에 두 사람이 걷는 게 눈에 보인다. 그 짐꾼 김 씨는 나한테 설명해줄 게 아주 많겠지."

아이는 바위 가장자리로부터 물러서서 고인 물의 가장자리로 걸어간 다음 거기 서서 발끝으로 부드러운 모래를 파면서 자신의 무명 저고리의 옷고름을 비틀었다.

"저기 낡은 벽 근처 뒤쪽으로 난 산길은 찾기가 쉬운데 아래쪽이 너무 가파르단 말야." 녀석이 말했다. "아줌만 내가 있어야 돼. 그렇지만 아줌마와 함께 갈 수 없어. 나 없이 아줌마 혼자 저길 찾아가야 돼."

"그런데 막둥아 난 이해가 안 되는 구나. 왜 그렇게 변했어? 방림의 선교 학교, 너 거기 가고 싶지 않아? 다른 애들과 같이 공부하고 싶다고 하더니 이제 다른 마음을 먹었어? 뭣 때문이지?"

막둥이는 아무 반응이 없었다. 대신 맨 발꿈치로 모래를 더 깊이 파는 동안 가녀린 양 어깨가 수상쩍게 들썩였다.

"지금 입고 있는 옷이 걱정돼서 그래, 막둥아?" 부인이 물었다. "빨았더니 아주 깨끗한데. 그리고 정원에서 날 위해 며칠 일하면 새 옷을 얻을 수 있어. 그럼 다른 애들과 똑같아 보일 거고."

녀석은 아무 말도 하지 않았다.

"아궁이로 돌아가 잠자고, 더러운 거지 패거리들과 거리를 활보할 건가?" 여자가 물었다.

이 물음의 효과는 즉각적이었다. 아이는 고사리와 풀 위로 쭉 뻗듯이 몸을 던지더니 손으로 땅을 내리치며 펑펑 울었다.

"맞아, 돌아갈 거야." 그는 띄엄띄엄 말했다. "하지만 가고 싶어서 그런 건 아냐. 모르겠어? 밤을 이렇게 죽 보내고, 그 사이에 함께 얘기하고, 아줌만 훌쩍한 백합 같고, 난 사람들이 그 학교에 데려가는 생각을 하고, 옷도 빨고 목욕도 하고, 그래서 사람들이 내가 거지란 걸 정말 믿기 어려울 정도고. 앙, 그치만 이제 다 끝났어. 아줌만 나 없이 혼자 가야 해."

아이의 말은 흐느낌 사이에서 숨이 꺼졌다. 아이는 정말 힘이 들었다. 서부인은 아이 옆에 무릎을 꿇고 앉아 차가운 손을 아이 머리에 얹었다. "널 놀랜 건 그 초가 움막 속에서 네가 본 것 때문이지? 그게 뭔지 묻지 않겠다. 그걸 알아보겠다고 되돌아가고 싶지도 않고. 하지만 막둥아 난 널 여기 산에 홀로 두고 떠날 수 없다. 우린 함께 내려간다."

눈 하나가 헝클어진 머리카락 밑에서 반짝 빛났다. 더러운 손이 뺨과 납작한 코를 가로질러 닦자 때와 눈물 자국이 남았다.

"부인은 내가 필요할 거야." 소년이 말했다. "그치만 난 방림에 아줌마와 함께 갈 수 없어. 아줌마 학교는 그걸 알게 되면 날 받아주지 않을 거야."

"우선 넌 선교 학교에 꼭 가야할 필요는 없다." 부인이 대답했다. "난 너한테 밭에서 나무도 하고 잡초도 뽑는 기회를 줄 거다. 골목

길이나 아궁이로 돌아갈 필요는 없어. 장바닥에서 거지들과 같이 살 필요도 없고. 네가 변하게 해줄 거다. 지난 밤 네가 없었다면 난 어떻게 됐겠니? 내가 너 없이 산허리 아래로 내려갈 거라고 생각해?”

그녀는 옷에서 핀을 뽑아 아이의 무명 저고리에 꽂으려고 더듬어 내려갔다. “우리나라에 가면 내가 아는 남자 아이들은 보이스카우트라는 단체에 들어간단다.” 그녀는 계속해서 말했다. “개들은 네가 읍내에서 보는 일본군 병사들처럼 한 무리를 이룬단다. 정복을 입고 매일매일 누군가 도움이 필요한 사람을 돕는 데 뜻을 같이 한다. 개들은 배지를 단다. 네 옷에 내가 지금 달아주는 십자가는 다른 나라에서 치열한 전쟁을 치렀던 사람이 준 것이다. 그 사람은 대규모 전투에서 죽은 병사의 옷에서 그걸 구했다. 난 이 물건이 상징하는 게 싫지만 나한테 그걸 준 사람은 사랑한다. 조국과 자기 왕을 너무 사랑해서 그 둘을 위해 싸우다 죽은 그 병사를 네가 생각하기를 바라면서 난 이걸 너한테 꽂아준다. 네가 이 십자가를 볼 때 난 네가 너를 위해서 싸워주는 사람이 있다고 생각해주길 바란다. 그건 바로 나다. 그리고 내가 싫어할 것 같은 것이면 뭐든 그것에 맞서 싸워주었으면 한다. 넌 내 보이스카우트이다.”

소년은 그녀가 달아주는 철십자를 흘낏 내려다보았고, 그 커다란 검은 눈에 새로운 빛을 번득이며 그녀를 올려다보았다.

"난 전라도의 모든 거지들 하나하나와 모조리 싸울 거야." 그는 힘을 다해 말했다. "걔들이 나타나서 아줌말 괴롭히면 나한테 말만 해." 아이는 이제 일어나서 손을 꼭 움켜쥐었다.

"막둥아, 움막에서 뭘 보았기에 네가 그렇게 생각을 바꿔 거지들한테 돌아가 살아야 한다고 생각하게 되었지? 말해줄 수 있어?" 부인의 목소리는 떨렸다. 흉측한 눈으로 숫구쳐 먹이를 휘감는 괴어의 촉수처럼 막둥이를 덮친 과거의 어떤 경험이나 모종의 비밀을 캐들어 가는 것 같았기 때문이다. 소년은 여자의 얼굴을 잠깐 들여다보더니 다시 위축되었다.

"무엇 땜에 알고 싶어 해?" 그가 말했다. "백합[47]은 달팽이, 뱀장어, 검은 진흙과 아무런 상관이 없다고."

"하지만 백합은 초록빛 진흙의 물가에서 자랄 때가 많은 법이란다. 그리고 백합이 제 뿌리 밑에서 노니는 작은 조가비나 거북이, 그리고 달팽이나 뱀장어와 송사리들을 내려다보거나, 꿋꿋한 제 줄기 사이에 아직 설 자란 것들이 커다란 턱과 번쩍이는 이빨들로부터 피해 숨는 걸 보고 기뻐한다고 생각하지 않아?"

"누군가가 날 늘 쫓고 있다고 말해줬지? 바위와 숲이면 어딜 가

든 뒤에 그 얼굴이 숨어 있는 게 내 눈에 보여서 도망칠 수도 없다고 말이야? 난 그 사람이 죽은 줄 알았어. 근데 날 다시 찾아낸 거야. 부인, 난 속이 아파 죽겠어. 난 내 눈으로 봤거든, 사람을 죽여서 먹는 걸 말이야. 말로 다 할 수 없어. 말이 나오질 않아. 난 돌아가야 해, 하지만 난 아줌마 보이스카우트야. 그건 잊어먹지 않을게. 아줌마 배지를 찼으니 이제 마주치는 녀석이면 누구든 싸울 거야. 아줌마, 편안히 쉬어."

이 말을 하고는 녀석은 여자를 놔두고 혼자 걸어갔다. 녀석은 갑자기 돌아서서 손을 꼭 쥔 채 꾸벅 인사를 했다. 그리고 수풀 속으로 숨어 안 보이게 되었다. 서부인은 이파리들과 가지들이 움직이는 것을 보고 녀석이 어디쯤 가는지 알 수 있었다. 그러다가 그 흔적을 더 이상 추적할 수 없었다. 그녀는 몸을 돌려 산길을 찾아 혼자 내려갔다.

7

수도승의 집

산허리를 내려오다 중턱쯤의 아름다운 빈터에, 깃털 같은 대나무 숲이 바람 앞에서 그 푸른 잎들을 흔들고 있는 그곳에 수도승의 집이 있었다. 여러 해 전 한국의 전형적인 양식으로 지은 집이었다. 평평한 돌로 3미터에 3미터의 땅을 덮었다. 이 돌들 위로 여러 개의 연기 통로가 부챗살처럼 한 군데로 합쳐졌다. 둥근 구멍에 고정된 검은 가마솥이 연기 통로들이 정확하게 만나는 지점이었다. 가마솥은 진흙으로 둘러싸여 있었다. 이 연기 통로들 위로 두 번째 층의 평평한 돌을 덮고 다시 진흙을 바른 뒤에 억센 종이를 입힌 것이 이 집의 방바닥이었다. 밥을 짓기 위해 가마솥 밑에 군불을 때면 바닥은 연기 통로를 지나는 연기와 불길에 의해 동시에 데워졌다. 껍질을 벗긴 소나무 기둥이 이 돌 구조물의 네 구석에 세워져 골격을 이루고, 그 사이를 대나무로 격자 살을 만들어 채운 뒤 이를 새끼줄로 묶었다. 흙을 짚과 섞어 이 그물망 구조에 발랐는데, 중간 위쪽에 이 작은 구조물은 돌을 섞은 진흙으로 겉 장식을 했다. 집 문은 높이가 1미터 정도에 대패질을 한 목재로 만들었다. 이도 역시 대나무를 쪼개 살을 만들고 억센 종이로 덮어 씌웠다. 지붕은 초가지붕이었다. 이 조그만 거처 안에 가구라고는 달랑 하나뿐이었는데 놋쇠 자물통과 경첩이 딸리고, 화려한 나비 모양의 띠 장식이 많이 붙어 있는 작은 찬장이 달린 서랍장이었다. 이 서랍장의 평평한 상단에는 진흙으로 만든 상이 앉아 있었는데, 바로 금박을 한 가부좌 자세의 부처였다. 부처상의 긴 눈매는 가느다란 손을 무심히 응시하고 있었다. 손은 엄지와 검지가 살짝 닿은 상태에서 훈계를 하듯이 들어 올려져 있었다. 불상 앞 아래 바닥에 무릎을 꿇고는 곶감을 개가 닿지 못하게 들고 개를 놀려먹고 있는 아이는 바로 사랑이였다. 가끔씩 아이는 자기 위의 불상을 쳐다보며 고개를 흔들거나 두 손을 부처 얼굴에 갖다 대고는 했다. 강아지한테 말했듯이 "부처님 눈의 시선을 막기 위해서"였다.

"쫑, 넌 곶감이 싫지." 아이가 쫑한테 말했다. "나도 싫어, 그걸로

공놀이나 하자. 잡아라." 개가 뛰었다. 그런데 개의 발이 서랍장을 씌운 탁자보의 가장자리에 걸려 불상이 위태롭게 움직였다. 사랑이는 좋아서 손뼉을 쳤다.

"저러다가 떨어지면 깨지지 않을까, 쫑? 제 자리에 다시 놓아야겠지. 난 안 무서워." 혼자 재미있어 하는 사랑이는 30센티 정도 높이의 탁자 위에 올라서서 손을 뻗어 불상을 만졌다. 불상이 손에 밀리는 것을 느끼며 아이한테서 긴장한 숨소리가 흘러나왔다.

"손가락이 늘 이런 식이야, 쫑." 아이는 즐겁게 뛰어다녔다. "아마 셋까지 세고 있겠지. 아무렇지도 않네. 눈은 뭣 때문에 저렇게 번쩍이는지 알아봐야지. 쫑, 머리는 온통 작은 조가비들로 덮여 있어. 귀는 또 얼마나 큰 거야! 서부인이 어딨는지 부처가 알고 있는지 속삭여 봐야지. 김 씨와 스님이 언제 돌아오는지도."

아이는 기뻐 웃으며 관심을 서랍장으로 돌렸다. 아이는 부처의 의상과 도구가 들어 있는 맨 위 서랍을 조금 열어보았다. 서랍은 옥과 호박 장식들이 가득했다. 약간 무서웠지만 아이는 그것들을 꺼내 그 중 아름다운 바다 초록색 구슬 줄은 불상의 목에 걸고, 호박 팔찌는 자신의 손목에 차고 그 효과를 시험해 보았다. 서랍이 하나하나 열리고 금무늬를 돋워서 짠 진귀한 베개와 깔개, 수놓은 목도리와 비단옷과 아마포 옷 등이 깊숙한 곳에서 나와 바닥에 은은한 빛을 발하며 쌓아 올려졌다. 사랑이는 지금까지 이토록 흥미진진한 시간을 보낸 적이 없었다. 불상을 보통 사람처럼 꾸며 볼 여지는 금방 사라졌다. 왜냐하면 부처는 발을 깔고 앉아 있어서 허리 위로만 장식을 할 수 있기 때문이다. 그 대신 섬세한 수를 놓은 공단 치마는 사랑이 뒤로 환한 빛을 내며 우아하게 끌려와 감탄을 자아낼 만했다. 금은 줄들은 아이가 좁은 방을 누비자 듣기 좋은 소리를 잘그랑거렸다.

"좋아, 난 황제의 색시다." 사랑이가 즐거워하며 말했다. "너 나가서 왕의 가마꾼들을 불러올래? 난 오늘 가마타고 궁전으로 갈 거다. 야, 근데 이거 재밌다."

아이는 산들바람을 탄 나비처럼 방을 날아다니다가 전통 춤의 유연하고 완만한 동작을 하기 시작했다. 팔을 뻗고 몸에 걸친 현란한 목도리를 펼치기 위해 한 순간 균형을 잡았다. 그리고 얇은 사(紗) 겹친 것을 다시 접어 몸에 두르면서 믿기 어려울 정도의 우아한 동작으로 휘익 몸을 돌리며 흔들었다. 아이의 가벼운 몸은 리듬이 실린 동작으로 살아 있었고, 자제하면서도 조절이 잘 된 상태였다. 아이는 사방으로 빙글빙글 돌다가 문 앞에 이르자 바로 멈추었다. 아이의 팔이 옆으로 내려졌고 아이는 누군가가 문간을 밟는 소리가 나자 정신을 집중해 그 소리를 들어보았다. 문이 천천히 열리고 미국 여자가 들어왔다.

"와, 서부인." 사랑이가 흥분해서 소리를 질렀다. "날 찾을 줄 알았지. 밤새 어디 갔다 온 거야? 창백하기도 하네. 어서 들어와, 내가 예뻐해 줄게."

서부인은 나이어린 무희를 보고 놀라 멈추었다.

"내가 꼭 안아줄 때까지 욕하지 마. 와, 날 찾다니 정말 기분이 좋다." 떨리는 두 팔로 부처의 화려한 장식품들이 찌그러질 정도로 부인의 목을 긴장한 채 꼭 껴안았다.

"어딜 갔는지, 어디서 오는지 말해줘. 김 씨는 길을 잃고 날 수십 리나 실어 나르다가 여기 오게 된 거야. 김 씨는 잠을 안 잤어. 올빼미들이 울었고, 김 씨는 일어나서 아줌말 찾으려고 스님을 데리고 나갔어. 스님은 눈이 하나뿐이야. 그리고 아마 두 사람은 길을 잃은 모양이야."

미국 여자의 신경은 칼칼했다. 너무 지친 그녀는 따스한 바닥에 앉았다. 사랑이는 빛을 갑자기 비춰 혼란에 빠진 나방처럼 방을 이리저리 날아다녔다. 비단과 아마포를 흔들고 만지작거리고 접는 아이의 동작은 한 폭의 그림 같았다. 아이는 부산하게 구슬과 장식들을 서랍장 안으로 다시 집어넣었다. 서부인은 가슴이 아팠다. 그 통증을 가늠하려고 꼭 움켜쥔 손에 머리를 갖다 대보았다. 어지러운 난장판을 꾸짖는 대신에 부인은 아이의 장난에 눈을 감아 주었다. 그리고 움막의 질서가 회복될 때까지 스님이 돌아오지 않기를 빌었다.

"부인." 사랑이가 계속 말했다. "여기 구석에 정말 귀한 다기가 있어. 잠깐만 기다리면 내가 좋은 걸 만들어 줄게." 아이는 놋쇠 화로에 탄을 넣고 빨간 불꽃이 일도록 부채질을 한 뒤 주전자를 얹어 끓게 했다. 그리고 마분지 상자에서 차 잎을 꺼내 미국 여자한테는 생명수와 같은 것을 한 잔 우려냈다. 한잔 두잔 세잔을 그녀는 마셨다. 사랑이는 혈기가 그녀의 얼굴에 돌아오는 것을 보고 웃었다.

"산에서 도대체 뭘 봤기에 그렇게 창백하게 축 처졌어, 부인?" 아이가 질문을 불길같이 쏟아냈다. "호랑이였나? 도깨비였나? 아님 그 징그런 늙은이 주인였나? 간밤에 올빼미 소리는 들었어? 거지애는 절로 돌아갔어? 부인, 왜 대답을 안 해?"

"사랑아, 김 씨는 어딨지?"

"일찍 떠났어. 아줌말 찾으려고 산을 올라갔는데. 서부인, 난 방림으로 가고 싶어. 지금 출발하면 안 되나?"

"좀 뒤에. 허나 우리만 갈 수는 없어. 이 방을 나가지 마. 난 김 씨를 찾아볼 테니까."

여자는 서랍을 뒤져 자물통을 찾아냈다. 놋쇠를 재료로 물고기

형상을 기이하게 찍어낸 것이었다. 여자는 낮은 방문을 닫으면서 자물통을 문고리에 채웠다. 문을 안 잠그면 사랑이가 움막을 나와 헤매지나 않을지 확신이 서지 않았기 때문이다. 스님의 움막에서 큰 길로 이어져 눈에 잘 보이는 길을 천천히 찾아 나섰다. 녹상추, 배추, 붉은 고추 밭을 지났는데 이것들은 붓꽃과 고사리와 백합이 있는, 울타리를 치지 않은 터에서 자라고 있었다. 거기는 외진 곳이었고, 스님은 긴 세월을 그곳에서 살며 아침이면 타종을 하고, 목탁을 두드리고, "나무아미타불"을 수없이 반복함으로써 알 수 없는 내세에 자신의 영혼의 평화를 보장받으려고 했다. 길을 따라 내려가며 그녀는 높은 곳에서 떨어지는 가는 물줄기의 압력을 받아 삐걱거리며 도는 물레방아를 보고 멈추었다. 그녀는 거대한 벼랑이 햇빛을 받고 희끄무레하게 모습을 드러낸 곳을 올려다보며 크게 소리를 질렀다. 크게 내지르는 대답 소리가 들리면서 두 사람이 급히 산길을 달려 내려왔다. 잠시 뒤 김 씨와 외눈박이 승려가 그녀 앞에 서 있었다.

"김 씨, 움막에서 애를 봤어요." 부인이 대답했다. "이제 방림으로 즉시 출발해야 돼요. 그런데 성당 바위 바로 밑에 누가 살고 있는지 말해줄래요? 그 초막은 누가 지은 거죠?"

"늙은 문둥이 거지요." 김 씨가 대답했다. "거기 사는데 땅바닥에서 자고 아무거나 잡히는 대로 먹고, 자기를 고쳐줄 귀신들한테 제물을 바치려는 게지요. 허나 지옥에서 온 게 분명해. 절대로 그만두지 않을 거야. 벌써 두 사람이나 죽였어. 그러나 당신한테 이런 말은 해주기가 싫어. 뭣 때문에 그 사람에 대해 알고 싶어 하오?"

"김 씨, 고지대 쪽에서 거지 아이 혹시 만나지는 않았나요? 내 옆에 있으면서 밤새 안내를 하더니 아침이 되자 사라졌어요."

"간밤엔 절에 있다가 폭포에서 날 기다리던 곳까지 내려왔던 그 꼬맹이 놈 말이오?"

"맞아요, 바로 그 애죠. 이름이 막둥이라고."

"아니, 못 보았소." 김 씨가 대답했다. "댁은 이 여정을 시작한 뒤로 밑바닥 건달들을 많이 만나본 것 같소이다. 거지들은 모두 다 똑같아. 함께 싸돌아다니지. 지금쯤 본촌[48]으로 돌아간 게 틀림없어. 난 이쪽 편 산 첫 번째 마을로 내려가서 짐꾼들을 불러 댁과 사랑일 가마에 태워 방림으로 데려다 주겠소. 또 다른 일이 터지기 전에 댁을 모시겠소."

승려는 회색 바지저고리에 긴 무명 덧옷을 걸친 온화하고 체구가 작은 사람이었는데, 미국 여자한테 자기 움막으로 돌아가서 일꾼들을 기다리라고 친절하게 권유했다. 그가 보인 적극성은 외로운 아이가 장난칠 거리가 생기면 무엇이든 반기는 그런 종류의 태도였다. 그도 미국 얘기를 하고 싶어 했다. 그 미국 땅의 찬란함에 대해 들은 뜬소문이 많았기 때문이다. 그 믿기 어려운 높은 고층 건물하며 사람들이 기계를 갖고 하는 일들이며 모두 자기가 듣기에는 동화 같았던 것이다.

얼마 되지 않아 네 명의 짐꾼이 깨끗한 흰 옷 차림에 한쪽으로 까딱거리는 긴 붉은 술이 달린 작은 펠트 모자를 쓰고 산길을 올라왔다. 이들은 전통 가마를 부분 별로 헤친 것들을 들고 왔다. 두 개의 긴 장대를 땅바닥에 놓고 세월의 마모로 다듬어진 어두운 빛의 나무로 만든 작은 상자 방의 가뿐한 골격이 그 위에 조립되었다. 손으로 깎고 장식을 많이 한 널판이 상자 방의 전면과 후면이 되었으며 바닥은 좁은 판때기로 만들어졌다. 대화도 하고 우스갯소리도 꽤 주고받은 뒤에 서부인은 가마 속으로 들어가도록 권유받았다. 짐꾼들은 그녀가 양장 차림에 발을 깔고 앉는 것을 보고 아이처럼 좋아하며 웃었다. 사랑이는 그 옆에 앉았고 붉은색, 노랑색, 초록색의 비단 가리개가 내려졌다. 마지막 가리개를 묶을 즈음 서부인은 네 번째 짐꾼의 얼굴을 자세히 들여다보았다. 바로 김 씨였다.

"흰 머리에, 긴 수염에 날 처음엔 못 알아보셨죠?" 그가 속삭였다. "그 주인도 절대로 모를 거외다. 댁은 이제 친정 엄마를 보러 다른 마을로 가는 한국 여자요. 허나 만일 그 작잘 마주치면 법석을 떨고 소릴 지르고 야단일 텐데. 그러면 내가 그 놈 상투를 뽑아 버릴 거요, 알았소?"

모든 준비가 끝나자 밧줄 멜빵 네 개가 장대에 매어졌다. 네 사람 각자를 위한 멜빵이었다. 일꾼들이 멜빵을 어깨에 메고 일어서자 짐을 실은 가마가 허공에서 흔들거렸다. 발걸음을 맞추고 "가마 나가요"[49]라는 구호를 따라 걸음을 옮기며 한국인들은 산길을 내려가기 시작했다. 가리개는 내려졌다. 서부인은 사랑이하고만 있었다. 아이는 스님 집에서 자기가 피운 말썽에 대한 징벌이 무엇일지에 대해 겉으로는 시침을 뗐지만, 자못 미심쩍은지 부인 곁에 바싹 다가앉아 있었다. 아이는 잠자코 있다가 이따금 부인한테 시선을 던지며 마음속으로는 옛 불상들은 뭐하러 있어 가지고 나어린 여자애들을 괴롭히는지 의아해했다. 와, 그 구슬들은 얼마나 아름다운가? 금관도 있었다. 끄트머리에 번쩍이는 것들이 매달려 흔들

---

49 영어 원문에 "Cama poo, jickey huh"라고 되어 있는데 의미가 전혀 통하지 않아서 우리 말 문맥에 맞게 고쳤다.

렸는데, 상자에서 꺼내지도 못했고 머리에 써보지도 못했다. 불상이 자기를 유혹까지 했는데 그러지 않은 걸 보면 내가 꽤 착했던 것이리라.

서부인은 눈을 감았다. 아마 꾸짖지 않을 모양이다! 얼마나 피곤할까? 그리고 그날 밤 잠은 어디서 잤을까? 사랑이는 보드라운 손을 들어 그녀의 뺨을 다독거렸다. 짐꾼들의 일정한 발걸음에 맞춰 흔들리는 가마의 규칙적인 운동은 아주 기분이 좋았다. 그리고 일어나지도 않을 일에 대해서 걱정하는 것은 아무런 소용이 없었다. 게다가 그것은 모두 불상의 잘못이었다. 그리고 용서해줄 게 확실한 사람한테 꼭 붙어 껴안기는 느낌은 정말 아늑했다. 그러다가 깜찍하도록 조그만 머리가 몇 번 까딱이더니 긴 눈썹이 검은 눈을 덮었고 아이는 금방 잠이 들었다.

서부인은 머리를 가마 뒤쪽에 기대고 호젓한 분위기 속에서 자신을 엄습해 오는 온갖 감정에 몸을 맡겼다. 그날 밤낮으로 발생한 사건들의 기억이 집요하게 그녀를 짓눌렀다. 그녀는 도둑맞은 아이를 구출한 것이다. 이것으로 충분하지 않을까? 어둠의 힘과의 난투극 속에서 그녀는 제대로 빠져 나왔다. 몸이 짜릿할 정도로 승리한 것이다. 사랑이를 자신의 보호하에 방림으로 데려갈 수 있게 된 것이 만족스럽지 않은가? 찬란한 낮, 상쾌한 공기, 초록빛 여름의 그늘, 구름과 하늘의 은은함은 왜 그 전 시골길을 걸을 때처럼 그녀의 마음에 다가오지 않을까? 시골 교회로 가서 열성적인 스무 명의 여자들한테 창세기를 가르치는 것과 같은 장래의 사업계획에 집중할 수 없는 이유는 무엇일까? 선교 학교 건물이 가까워지면, 그리고 긴 일주 여행 끝에 마리안[50]이 자기들의 조그만 집에서 기다리고 있을 때쯤이면, 늘 자기 마음속에 생겨났던 신명이 왜 안 느껴질까?

과거에는 여행의 마지막 단계가 끝이 없는 것 같았고, 학교 건물이 눈에 띄는 순간은 천국 같았다. 그러나 이런 기쁨은 그녀를 떠났다. 그리고 이제 그 어떤 것도 자신의 아픈 마음과 불안감을 씻어줄 수 없을 것 같았다. '가장 비천한 한 명'으로서 자신의 품으로 숨어들었다가 그날 밤 사건으로 슬그머니 사라져버린 아이가 있었기 때문이다. 그 애를 언제 다시 볼 수 있을까? 늙은 문둥이가 조직 사회의 껍질 밑에서 굽이치는 죄악의 홍수 속으로 애를 다시 데려가지나 않을까? 애는 완전히 잃어버린 것일까?

이들 일행은 산자락에 이르러 계곡이 이제는 목화 꽃으로 뒤덮인 논밭을 향해 열린 곳을 가고 있었다. 짐꾼들은 길옆 주막에 멈쳐 휴식을 취했다. 거친 바윗돌 위를 걷다보니 짚으로 만든 신발이 해진 탓에 새 신발도 사고 쉴 겸 해서였다. 그런 뒤 이들은 어깨와 등에 가마 멜빵을 조정한 뒤 다시 "가마 나가요"라고 외치며 가마를 들어올리고, 터벅터벅 다시 앞으로 나가기 시작했다.

정오에 방림이 눈에 보였다. 이들은 집에 온 것이다. 그리고 그 주인은 다시는 눈에 띄지 않았다.

8

"가장 작은 것 하나"[51]

여름 내내 사랑이는 마을 여자애들과 놀았고, 매일 아침 개네 엄마[52] 집에 가서 갓난아기(개네 엄마한테는 늘 새 아기가 있었다)를 자기 등에 업혀달라고 애걸했다. 사랑이는 그 작은 몸의 촉감을 좋아했고, 자기 어깨에 닿아 일정하게 할딱거리는 심장 박동 소리와 흡족해 하는 아기가 코를 비벼대며 내는 소리를 듣기 좋아했다. 아이는 행복했다. 그리고 세자 엄마 집에서 보낸 세월의 기억

---

51 마태복음 5장 19절 : "누구든지 이 계명 가운데 '가장 작은 것 하나'라도 어기거나 다른 사람에게 그렇게 하라고 가르치면 하늘나라에서 가장 작은 사람이 될 것이다. 그러나 누구든지 계명을 실천하고 가르치면 하늘나라에서 위대한 사람이 될 것이다."

52 Keh Neh Umunnie : 이 표기는 고유 인명이 아니라 '그애'의 줄임말 '개'이고 개네 엄마는 그애의 엄마라는 뜻일 것이다. 저자는 이를 고유 인명으로 잘못 알아들은 것이다.

은 옆으로 치워 놓았다. 그러나 엄마는 잊을 수가 없었다. 밤이면 눈이 감기지 않을 때가 많았고, 오랫동안 이불이나 바닥에 누워서 엄마를 생각하며 언제나 다시 볼까 의문에 잠기곤 했다.

3년이 안 돼서 사랑이는 선교 학교에 주간 학생으로 들어갔다. 처음엔 아주 수줍어했다. 기숙사 큰 여자애들은 마을에서 만났던 애들과는 꽤 달랐기 때문이다. 이들은 점잖고, 체신을 스스로 지키고, 선생님들한테 복종하는 게 유별날 정도였다. 사랑이가 태어난 마을 여자애들은 집 주위에 세워진 돌담 바깥으로 나가는 게 허용되지 않았다. 아버지들은 여자애들이 너무 우둔해서 교육시킬 필요가 없다고 생각했고, 그 누구도 물론 이 애들을 위한 학교를 세울 생각을 결코 하지 않았다. 열세 살 이상의 여자애들은 아버지, 오빠나 가까운 친척 이외의 남자들한테 얼굴을 보인 적이 없었고, 아이들은 자의식이 강하고, 억지웃음을 잘 웃고, 아는 것이라고는 없었다.

반대로 여기 학교 여자애들은 아주 예쁘고, 좋은 것들만 얘기하고, 레이스나 뜨개질 스웨터나 그 밖에도 아름답고 쓸모 있는 것들을 만들 수 있었다. 사랑이는 이들한테 매료되어 자기도 크면 남들 눈에 이들 같아 보이고, 행동도 이들같이 할 것이라고 결심했다. 어느 날 사랑이는 서부인의 방에 앉아 옷에 난 구멍을 꿰매고 있었다. 아이는 갑자기 새침한 미소를 짓고는 부인을 올려다보며 말했다. "순이는 자기 아빠가 골라주는 남자애한테 시집을 안 가겠대."

"가만, 애야. 그런 말은 어디서 들었어? 학교 여자애들은 너한테 뭘 가르쳐주던?"

"미국 여자애들은 시집가는 얘길 하기는 하나?"

서부인은 말이 없었다.

"그리고 여기 한국 여자애들은 시집을 안 가는 사람도 있나?"

"이 땅에 시집 못 간 노처녀는 한 명도 없었다."

"글쎄, 바로 그거야. 그전에 여자애들은 결혼한 뒤가 아니면 남자들을 볼 수도 없었어. 그리고 아마 남자들을 좋아하지 않았을 수도 있고. 그래도 어쨌든 남자들과 늘 살아야 했지, 변화라곤 없이 말이야. 그러나 요즘 큰 여자애들은 남자 학교 애들을 낱낱이 알고 있고, 은혜[53]는 단추가 여덟 개 달린 교복을 입은 개들이 좋다고 말해. 그리고 기임이[54]는 교복이 끔찍하대. 풀 먹인 흰 옷을 입어야 좋아 보인다는 거야. 하지만 기임이는 시골뜨기야. 부인, 그 애가 결혼하면 밤낮으로 빨래를 두들겨서 남편이 왕자처럼 보이게

[53] Un Hey
[54] Qui Immie

할 거야. 나도 그럴 거고. 난 주머니는 네 개에 푸른 조끼를 입은 남자와 결혼할 거다."

"사랑아, 지금 바로 부엌에 가서 보리나 타작해라. 이대로 더 계속하면 난 미국 집에 가 있는 것 같겠다. 어지러워."[55]

그날 밤 서부인과 방림 여자 학교의 교장이자 방 친구인 마리안은 탁자에 앉아 그날의 행사들을 점검하고 있었다.

"마리안네 학교 아이들은 활기가 넘치는 게 분명해." 부인이 말했다. "사랑인 기숙사에 넉 달 있었을 뿐인데 방림 학교 남학생들을 산수를 아는 것만큼 잘 알고 있더라니까."

"맞아, 틀림없어." 교장이 대답했다. "한국은 요즘 활기가 넘치는 게 분명해. 여기 엄마들은 딸들에게 이렇게 말한다는 거야. '지금 시대는 우리 어릴 때와 다르다. 결혼하고서도 닷새가 지나기까지 난 네 아빠 이름도 몰랐다. 닷새 뒤에 집에 가서야 대문에 이름이 쓰여 있는 걸 처음 보았지.' 시대가 바뀌어서 그 엄마의 마음이 몰래 좋아 흥얼거리는 걸 모르지는 않겠지? 자기 딸 스스로 결혼할 남자를 고를 수 있게 되어서이기도 하고, 딸이 시어머니한테 노예가 되지 않아도 되기 때문이기도 하고 말이야. 살아서 세상을 이

---

55 한국 사회는 여자한테 제약이 많은데, 사랑이가 결혼 얘기를 너무 거침없이 한다는 뜻이다.

렇게 더 좋은 쪽으로 만드는 역할을 한다는 게 기쁘지 않아? 나는 기뻐."

몇 달 뒤 어느 날 아침 서부인은 성경을 가르치게 될 남자 초등학교가 있는 상계[56] 마을 쪽으로 논 가장자리를 따라 걷고 있었다. 추수는 끝난 뒤였고, 전체적으로 평탄하지만 논둑 경계선이 불규칙한 평야에는 익은 곡식의 줄기 전체를 낫으로 자르고 난 뒤 남아 있는 갈색 그루터기들을 제외하면 아무 것도 없었다. 계절은 이른 가을이었는데, 한국인들은 이때 산으로 가 조상들의 혼에 절을 하고 무덤 앞에 제물을 올린다. 그녀는 티 한 점 없는 흰옷을 입고 인디언들처럼 열을 지어 산으로 가는 길을 따라 어슬렁 걸음을 걷는 사람들을 여러 차례 지나쳤다. 이들은 아들과 조카들도 동반했는데 붉은 옷차림에 열두 살에서 스무 살 가량의, 긴 머리가 등에까지 내려오는 남자들이었다. 이들은 모두 부귀, 건강, 아들, 그리고 행복이라면 무엇이든 찾아오도록 타계한 영혼들한테 절을 올리고 편안히 모시는 일에 전념하였다.

길을 더 가다가 서부인은 일본인 교사를 따라 열 지어 신사에 가는 공립학교 학생들을 보았다. 이들은 높은 돌계단을 올라가 거석(巨石) 아래를 통과한 다음 제단 앞에 멈추었다. 교사가 동전 몇 닢을 상자에 던져 넣으며 (신전 안 구석에 숨어 있다는) 신의 관심을 끌기 위해 손뼉을 치고, 종을 울리고, 남녀 학생들에게 이게 모두 무엇에 관한 것인지 설명하기 위해 몸을 돌렸다. 이 한국 아이들이 이런 종류의 의식에 참여한 것은 이번이 처음이었다.

"저 남자애와 여자애들을 이젠 기독교 교육을 받게 할 수도 있을 텐데." 부인은 우울한 생각에 잠겼다. "위대한 미국 교회가 예수님이 자신을 따르는 이들 하나하나한테 '복음을 전하려면 이 세상 전체로 들어가라'고 명하신 것을 믿기만 한다면. 아, 안타까운 저 걸 어쩌나!"

서부인은 마을 주변에 멈춰서서 할 일이 쌓인 집으로 돌아가기 전 잠시 노닐면서 잡담을 하고 있는 여자애들과 대화를 나누었다. 더 가다가, 영험이 있다는 마을 나무가 새들이 아니라, 한낮의 열기 속에서 거기 쉬는 짐꾼들을 위해 큰 가지들을 뻗어 그늘을 만들어주고 있는 곳에서 서부인은 거대한 기념비 앞에 발걸음을 멈추고 거기 새겨진 글자들을 헤아려 보았다. 이 돌은 사람들이 많이 오가는 이곳에다가 옛 정부의 지방관이 자신의 공적을 홍보하고 정신이 해이한 세대들한테 자신에 대한 기억을 새롭게 유지할

목적으로 세운 것이었다.

　서부인은 외진 곳을 탐색하거나, 어두운 골목을 들여다보거나, 지금 막 지나친 것과 같이 큼지막한 기념비 등의 뒤를 살펴보거나, 길옆의 사당 안을 들여다보는 습관이 있었다. 웅크린 아이를 발견하거나, 몸집이 작게 쪼그라든 떠돌이의 번득이는 이빨과 염치없는 미소를 마주칠까 늘 기대하고 있었기 때문이다. 막둥이는 그 기억의 새로운 아침에 산허리에서 사라진 후 전혀 소식이 들리지 않았다.

　상계 학교는 선교의 정규 시설에 포함되어 있지 않았다. 그것은 미국의 한 독지가와 그의 주일 학교 회원들이 한국의 남녀 학생들한테 보내는 선물이었다. 거기 들어간 한푼 한푼의 돈은 자기 절제와 희생정신을 의미했다. 한 달 예산은 미국의 비슷한 학교의 하루치도 안 되지만, 조선에서는 아주 적은 돈이라도 쉰 명의 아이들한테 다섯 등급의 과정과 성경의 기본 공부를 해줄 수 있었다. 책상, 괜찮은 난로, 칠판 등 적절한 설비를 적은 수의 남자 아이들에게 제공하는 대신 이 건물은 원래 의도했던 것보다, 두 배 이상의 마을 전체를 대상으로 개방되어 있었다. 이는 마치 어미 암탉의 날개처럼, 학교 건물 벽이 진지하고 활동적인 남자 아이들로 가득 부풀어 오른 것 같았다고나 할까. 투자한 걸로 따지면 이 학교는 정신과 영혼이라는 정말 값진 것을 통해 큼직한 배당금을 보상해주고 있는 셈이 었다.

회색 벽돌에 타일 지붕을 한 건물은 마을 입구 근처 야트막한 언덕에 세워져 있었다. 대나무와 수풀로 만든 담장이 부지를 둘러싸고 두 개의 수평 차단 봉이 운동장으로 갈라놓은 구역에 뻗어 있었다.

쉰 명의 한국인 남학생들이 국민복—바지는 긴데 접어서 종아리에 화려한 리본으로 묶고, 짤막한 영국 귀족 학교식 저고리는 오른쪽으로 접어서 밝은 무명 리본으로 묶은— 차림에 뛰고, 몸싸움을 하고, 연을 날리고, 공기놀이 점수 때문에 다투고 있었다.

서부인은 운동장을 가로질러 학교로 들어갔다. 문이 열리자 지독한 김치(초강력 채소 절임)와 생선 냄새가 교실의 따듯한 공기와 함께 쏟아져 나왔다. 두 명의 젊은 남자 내국인 교사가 모든 한국인들이 일반적으로 갖추고 있는 공손하고 예의바른 태도로 그녀를 친절하게 맞이했다. 쉬는 시간이었기 때문에 그녀는 멈춰 서서 아이들에 대해 물어보고 잠시 가벼운 얘기를 나누었다. 이들은 최근 중국에서의 소요 사태[57]에 대한 것을 읽고 있었다. "누가 북경의

---

57 모택동의 공산당과 장개석의 국민당 사이의 정치적 갈등을 가리킨다.

권력을 쥐고 있는지 말해줄 수 있나요?"

부인은 미소를 지었다.

"난 어릴 때," 그녀가 말했다. "만화경이 있었죠. 마분지로 된 둥근 관인데 양쪽에 거울을 달고 그 안에는 여러 색깔의 수정이 들어 있었죠. 그게 거울에 비치게 돼 있어서 한쪽 눈을 감고 다른 눈을 관에 꼭 대고 그걸 돌리면 그 수정들이 정교한 무늬의 조합을 이루게 되죠. 그 중 똑같은 무늬는 하나도 없었죠. 글쎄요, 중국 정부는 만화경과 같죠."

"부인 말이 맞습니다. 하지만 전 중국에 가보고 싶어요." 듣고 있던 이들 중의 한 명이 말했다. 서부인은 그가 희구하는 속내를 잘 알고 있었다.

그녀는 주변을 둘러보았다. 건물은 7평방 미터쯤 되고, 천장에 경첩으로 부착된 판자 분리대가 건물을 셋으로 나누어 놓았다. 이 세 방들은 분리대를 들어 올리면 하나의 강당이 되었고, 일요일에는 교회로 사용되었다. 그녀는 2, 3학년 남자애들이 수업하는 제일 작은 방으로 들어가 보았다. 열다섯 명의 남자애들이 책상이 없이 좁고 기다란 의자에 앉아 있었다. 상당수는 발이 허공에서 흔들렸다. 그녀는 아버지가 자신이 다니던 지역의 학교 얘기를 하는 것을 들은 적이 많았다(거기도 책상이 없었다).

이 방에는 한때 좋은 날은 지나가버린 게 분명한 둥근 쇠 난로가 세 개가 아닌 두 개의 다리로 애써 버티고 서 있었다. 난로 위에는 열다섯 개의 도시락들이 자리를 차지하려고 서로 밀쳐내고 있었다. 이 도시락들은 맛깔 나는 샌드위치나 세심하게 준비된 배급용 식품이 들어 있는 게 아니었다. 간도 안 맞고 차갑게 식은 삶은 보리뿐이었다. 이게 열다섯 명의 어린 한국인들의 점심 식사였다.

암송은 시작되었고 서부인은 곧게 편 손가락으로 귀를 막았다. 그 작은 하나의 교실에서 두 명의 교사가 동시에 수업을 하고 있었기 때문이다. 그리고 두 아이는 서로 다른 질문에 대해 어린 허파로 최대한 압력을 가하며 큰 소리로 대답을 하고 있었다.

"구 팔은 칠십 이." 한 녀석이 건널목 간수가 마치 정확한 정보로 확신을 품고 있기나 한듯 목청을 다해 말했다. 동시에 방 다른 쪽에서는 첫째 학급의 고함과 소란은 아랑곳없이 또 한 무리의 애들이 열변을 토하고 있었다. "기원전 1122년, 기자(箕子)가 중국에서 한국으로 왔다. 당시 한국인들은 야만족에 불과했다. 그러나 한국인들은 그가 훌륭한 무사인 것을 알아보았고, 자신들의 왕이 되어주기를 청했다. 그의 도읍은 평양이었다. 그리고 그의 무덤은 현재 평양에 있으며 누구나 가서 볼 수 있다." 이 역사 얘기는 한 조숙한 녀석이 악을 쓰듯 외친 것이었다. 녀석은 외국인 방문객을 자기 민족의 고대 기원으로 감동시키고 싶었던 것이다. 이 녀석은 앞의 건널목 간수 같은 녀석의 선제권은 신경도 쓰지 않았다. 바지를 저고리 쪽으로 추켜올려 저고리 길이와 맞추며, 이 갓 피어나는 미래의 애국자 패트릭 헨리[58]는 자리에 앉더니 옆자리 아이의 옆구리를 팔꿈치로 찔렀다.

서부인은 다시 다음 방으로 옮겨갔다. 검은 눈 스무 쌍이 그녀가 들어서는 것을 보고 빛을 반짝였다. 초등학교 1학년 스무 명이 가지런히 세 줄로 세 개의 긴 의자에 앉아 있었다. 매혹적인 학급이었다. 일부는 흰 무명천 옷을 입고 있었고, 일부는 검은 바지에 붉은색 짧은 조끼 차림이었다. 어떤 아이는 아래는 연한 자주색, 위는 분홍색, 그리고 한 꼬맹이는 짙은 붉은색으로 염색한 외투로 휘황찬란했다. 선생이 일어나서 암송을 듣기 위해 교실 뒤로 갔다. 바로 소동이 일었다. 순식간에 변한 것이다. 아이들 스무 명이 책과 서판과 연필을 앞에 하고 바닥에 무릎을 꿇었다. 긴 의자가 책상이 되었고, 바닥의 학생들은 의자 등의 틈새를 통해 선생을 가늘게 올려다보았다. 스무 명의 어린 마음은 교사의 넘치는

---

58 Patrick Henry(May 29, 1736~June 6, 1799) : 미국 독립혁명에 중요한 역할을 한 인물. "자유 아니면 죽음을 달라" 연설로 유명.

그릇으로부터 떨어진 지식 부스러기들을 열심히 기다리고 있었다. 슬기로운 임기응변이었다. 미국 어린이들의 교육에 꼭 필요한 세련된 기자재는 아무에게도 필요한 것 같지 않았다. 한국 아이들에게 교육은 필수적이고 즉각적이며, 타오르는 욕망으로서 충동이자 열정이었다. 건물이 아무리 초라해도, 기자재가 아무리 부실해도 어떤 종류의 학교든 마치 자석이 쇠붙이를 끌듯 아이들을 끌어들인다. 이 학교 아이들 한명 한명은 자신의 영혼 전부가 그곳에 있기를 갈구하기 때문에 거기에 와 있었다. 공부하기를 원했던 것이다.

이 일학년 학급에서는 읽기와 쓰기를 가르쳤다. 읽기는 사물 자체에 의한 방식을 따랐다. 교사가 흑판에 사슴, 나뭇가지, 강가에서 빨래하는 여인, 연을 날리는 아이의 그림을 그린 뒤 이것들을 설명하는 단어들을 적는다. 한국의 고유 문자는 형태가 단일하고, 대칭적이고, 매우 우아하다. 모든 한국 학생의 교육의 일부인 고대 중국 상형문자의 서예법은 예술에 가깝다.

팔뚝 높이까지 추켜올려 묶은 긴 바지에 짧은 조끼 차림의 이 학급 아이들은 네덜란드 아이들 같아 보였다. 누구나 고무신은 문에다 벗어놓고 발은 양말 차림이었는데, 스무 짝의 신발이 아무렇게나 무질서하게 층을 이루며 쌓여 있었다. 끝나는 종이 울리면 한꺼번에 쏟아져 나와 밀고 당기는 난투극이 벌어졌다. 신발 한짝

한짝이 크기와 마모의 정도를 제외하면 똑같아 보였기 때문이다. 신발장에 맨 먼저 닿은 아이는 쉽게 제 것을 선택할 수 있었다. 그 순간 작은 전쟁이 벌어진다. 삼옥이[59]가 제 것처럼 보이는 짝을 신발장에서 내리자 곧바로 중수[60]가 제 것이라고 나섰고, 선생이 현장에 나타났을 때는 네 개의 검댕이 주먹이 둘로 나뉘어 싸웠고, 두 쌍의 눈이 가는 면도 자국처럼 갈라져 적의를 품고 번득였으며, 두 저고리가 익을 대로 익은 분노의 압력을 받고 부풀어 올랐다. 누가 주인이냐의 문제가 풀리는 데는 시간과 상당한 기술이 필수적으로 요구되었다. 나어린 싸움꾼 둘은 체벌로 학교가 끝난 뒤에 남게 되었다.

서부인은 세 번째 방으로 이동했다. 열다섯 명의 아이들이 성경 공부를 하기 위해 대기 중이었다. 선생이 하루 종일 몸이 아파서 서부인이 그 자리를 대신해 달라는 요청을 받았다. 그녀는 책을 펼쳤다. 학생들은 요셉의 매혹적인 얘기를 골똘히 경청했다. 아버지가 좋아하는 아들에 대한 사랑, 다양한 색깔의 옷 선물을 아이들은 잘 이해했다. 서부인은 자기가 어릴 적에 이 이야기를 들었을

---

59 Samogie
60 Chungsu

때 요셉의 옷이 틀림없이 천 조각들을 이리 저리 이어 꿰매어 붙인 모양일 것이라고 짐작했던 것이 기억났다. 그러나 여기 교실의 한국 아이는 누구나 그 옷이 어떻게 생겼는지 정확하게 알고 있었다. 왜냐하면 아이들의 엄마가 마음만 먹으면 만드는 튤립 꽃밭처럼 화려한 옷을 입고 있었기 때문이다.

해어지고 찢겨지고 뒤표지는 달아난 성경은 애들한테 혹사를 당하는 셈이었다. 왜냐하면 앨저나 헨티[61]의 소설같이 재미있는 책이라고 해봤자, 책 중의 책 성경이 한국 아이들의 마음에 불러일으키는 숨 가쁜 재미의 반도 못 따라갔기 때문이다. 이들은 성경 이야기를 믿었다. 그리고 그것도 온 마음을 다해 믿었다. 서부인은 자식들을 보호하기 위한 신의 계획에 따른 이 위대한 사건에 관한 이곳 사람들의 순진한 촌평에 귀를 기울이며 미소를 지었다.

성경 교실은 조금도 시간을 지체함이 없이 끝났고 다른 학급이 들어왔다. 학생은 누구나 산수를 공부하듯 성경을 공부했지만 산수보다는 성경을 더 좋아했다. 더럽혀지고 가장자리가 너덜너덜한

---

61 Horatio Alger, Jr.(January 13, 1832~July 18, 1899) : 19세기 미국 소설가. 거지에서 부자로 출세하는 이른바 10전 소설을 많이 쓴 작가. George Alfred Henty(8 December 1832~16 November 1902): 19세기 영국 소설가. 제국주의를 시각으로 하는 역사 모험 소설로 많이 알려짐.

신약 중 예수 그리스도가 부활하는 대목이 펼쳐졌다. 이 위대한 역사적 사실의 의미와 진실이 그것을 기다리는 마음들에 깊은 충격을 주면서 아이들의 검은 눈동자가 커지고 밝아졌다. 선교사는 감격스러운 시간을 보내고 있었다. 도색도 안한 맨 벽, 좁디좁은 긴 걸상, 녹슨 난로 등은 가르치는 전율감이 그녀를 사로잡은 뒤로는 전혀 의식되지 않았다. 하루가 끝나 한국인 교사들이 집에 가고, 마지막 아이가 문을 세게 닫고, 마지막 신발을 주인이 찾아 신고, 마지막 "안녕히 계세요."가 큰 소리로 들려왔을 때 부인은 창가에 서서 수십 개의 발자국이 찍혀 있는 진흙탕 운동장을 내다보았다. 서너 명의 아이들이 대나무 문을 통과해서 사라지기 전 돌아서서 손을 흔들어 인사했다. 지저분한 길바닥, 소음과 소동, 진흙, 하나같이 짜증스러운 것들은 찬란한 빛과 함께 고양된 희열감 속에 잊혀졌다. 그녀는 정말 기쁜 마음으로 안도의 한숨을 내쉬었다.

"아, 산다는 게 이렇게 좋을 때도 있는 거지! 난 얼마나 행복한 여잔가." 그녀는 기쁨을 못 이기며 생각했다. "이게 삶의 실체야. 이 방엔 신이 계셔. '더 이상 나라고 생각할 수밖에 없는 나'가 무얼 하든 우리와 함께 하는 게 느껴진다. 난 천사가 되고 싶다는 생각은 결코 안 해. 난 이 일에 영원한 시간을 투자하고 싶어. 이게 꼭 옳은 게 아닐 수도 있고, 내가 이런 감정을 성경책에서 구한 것도 아냐. 하지만 어쨌든 이게 지금 내가 느끼는 감정이야. 이제 빨리 집으로 돌아가는 게 좋겠지. 안 그러면 내가 파벌이나 만드는 게 아닌가 하고 선교 본부한테 한 마디 들을지도 몰라.”

돌아가는 길에 부인은 왔던 길과 다른 길로 갔다. 그녀는 석양을 보고 싶었다. 종달새들이 수풀 어디에서 지저귀는지 알고 있었다. 논밭 바로 저편으로 야트막한 개울이 쫄쫄쫄 소리를 내며 조약돌 위에서 소용돌이를 치고 있었다. 그녀는 뛰어서 개울을 건넜다. (미국 인디애나 집 근처 초원에 개울이 있었고, 징검돌도 있었다. 그래서 훨씬 밑에 있는 다리를 건널 필요가 전혀 없었다. 어렸을 때 그랬던 것처럼 지금도 그러고 싶었다.)

물 건너에는 옛 서원이 서 있었다. 옛날에 한자로 시험을 치르던 곳이다. 마당에서 자라는 바닥이 낮은 소나무들 사이에서 까마귀 1백여 마리가 검은 날개를 퍼덕이며 다리를 축 늘어뜨리고 선회하고 있었다. 선이 휘어진 지붕 밑엔 그림자가 옛 고가의 이끼 덮인 벽을 따라 기울고 있었다. 오래 묵은 귤나무의 뒤틀린 뿌리들이 햇빛이 지면서 기이한 모양을 만들어내는데, 뭔가 웅크리고 있는 것이 그녀의 주의를 끌었다. 그녀는 더 가까이 가 보았다. 그것은 찢어져 너덜거리는 황마 포대에 덮여 있었다. 소나무 잔가지 더미일 수도 있고 쌀자루일 수도 있었지만 그런 건 아니었다. 왜냐하면 자루의 가장자리를 집게 같은, 때가 덕지덕지 붙은 두 손이 쥐고 있었기 때문이다.

서부인의 가슴은 이제 아플 정도로 뛰고 있었다. 반쯤만 드러나 있었지만 그 헝클어진 머리에는 구름, 달빛, 안개, 산의 아침, 그리고 지독한 상실감이 뒤섞인 기억을 불러일으키는 무언가가 있었기 때문이다. 그녀가 가까이 다가가는 동안 발뒤꿈치에 밟힌 솔방울들이 부스러졌다. 두 개의 큰 눈이 그녀를 향해 빛을 발했다. 아이가 벌떡 튀어 일어났다. 나이는 더 들어 보이고, 아, 얼마나 여위었는지! 아이가 그녀를 향해 미소를 짓자 불행과 고통의 주름이 그 얄팍한 입술을 애처롭게 끌어당겼다. 그러나 번득이는 흰 이는 여전했다. 낡은 포대는 땅에 떨어지고 누더기 바지는 추켜올려졌다. 서부인은 부어오른 발을 감고 있는 피가 밴 걸레 조각을 보고 울음이 터져 나올 것 같았다. 그러나 다만 "막둥아! 너 나한테 돌아온 거지?"라고 부드럽게 말할 뿐이었다.

"난 아줌마가 날 찾을 거라는 걸 알고 있었어. 그 사람은 죽었어. 점석이도 죽었어. 난 소나무와 등불이 달린 그 집을 찾아 헤맸지. 하지만 마을은 잊어버렸고 발은 아프고 더 이상 걸을 수가 없어. 달이 좀 있으면 뜨겠지. 여기 남아서 얘기 좀 들려줘. 낙타를 타고 별을 쫓아갔나?"

"막둥아, 그랬단다. 그 여행은 이제 끝나고 보고 싶던 걸 찾았단다. 김 씨가 지게에 널 지고 옮기기 위해 여기 올 때까지 이 벽에서 움직이지 마라. 넌 오늘 밤 병원에 가는 거야. 네가 나으면 얘기를 더 나누자꾸나. 네가 들을 첫 번째 이야기는 '가장 작은 것'을 오래 전에 얘기한 그분에 관한 거란다. 그분은 막둥아, '너'같은 사람을 두고 말씀하신 거란다."

끝

해 제 _ 독자가 만들어 가야하는 텍스트, 『조선의 아이 사랑이』

『조선의 아이 사랑이』(Sarangie)는 기독교 선교 문학 작품이다. '사랑이'는 작품에 등장하는 여섯 살 먹은 여자 아이의 이름이다. 얼핏 이 아이가 주인공일 것 같지만, 진짜 주인공은 한국 이름으로 '서부인'이라고 불리는 미국인 여자 선교사다. 줄거리는 단순하다. 서부인은 기생집에 팔려가게 된 어린 사랑이를 우여곡절 끝에 구출해서 정상적인 아동으로 양육과 교육의 기회를 받을 수 있게 해준다. 서부인은 작품의 결말 부분에서 기독교의 박애 이념이 일제 치하의 전근대적 조선 사회에 성공적으로 전파되어가는 것을 흐뭇해한다. 저자 로이스 스와인하트(Lois H. Swinehart)는 미국 남장로회 소속 선교사 남편 마틴 스와인하트(Martin L. Swinehart)와 함께 1911년부터 1937년까지 전남 광주 양림동과 방림동 지역을 중심으로 활동한 선교사였다. 방림이라는 지명은 작품 속에서 서부인이 아이를 데리고 귀환해야 할 곳으로 여러 차례에 걸쳐 언급된다. 『조선의 아이 사랑이』는 문학작품이지만 자서전적 성격이 강해서 일종의 수기와 같은 느낌을 주기도 한다.

역자는 2007년 10월 6일에 광주 남구 양림동에 미국인 선교사들이 모여 살았다던 구역을 가보았다. 처남의 차를 얻어 타고 간 그날은 비가 많이 내리고 있었다. 근처에는 기독병원, 수피아여고, 사직공원 등이 눈에 띄었다. 지형이 평지에서 보았을 때 어느 정도 높은 곳이었는데 오르막 길 이름이 '선교길'이었다. 선교사의 사택들이 뚜렷한 형태로 남아 있지는 않았다. 그런데 높은 담에 담쟁이덩굴이 엉켜 있어서 안이 잘 들여다보이지 않는 구조는 역자가 어릴 때 다른 지역에서 본 선교사 사택들과도 흡사한 느낌을 주었다. 작품 번역을 끝마친 시점이었고 내용도 소상하게 기억하고 있었기 때문에 감회가 그저 밋밋한 것만은 아니었다. 언덕바지에서 아래로 내려와 평지의 복잡한 골목길을 지나는데 큰 교회가 하나 있었다. 건물이 여러 채 있었는데 그 중 하나는 오래된 서양식이어서 예사로워 보이지가 않았다. (나중에 알고 보니 과거 선교사 중 한 명의 이름을 따서 '오웬 기념관'이라는 이름이 붙어 있는 건물이었다.) 비는 더 심하게 쏟아지고 처남 식구들한테도 미안

하고 해서 그냥 가버릴까 하다가 내친 김에 들어가 보기로 하였다. 나 혼자 차에서 내려 교회 입구로 들어가니까 교회의 연혁을 알리는 큰 돌이 세워져 있었는데, 1904년에 세워진 양림 교회였다. 연대로 보아도 스와인하트 부부가 선교 활동을 한 교회인 것 같았다.

교회 안으로 들어가서 목사 최신욱 씨와 인사를 나누게 되었고, 이분의 친절한 안내를 받아 『양림교회 100년사(I)』라는 책자를 펼쳐보게 되었다.[62] 이 책은 양림교회가 설립 100주년을 기념하여 2003년에 출간한 것이었다. 역자는 스와인하트 부부가 1911년부터 1937년까지 한국에서 활동한 것과 그 사이 1926년에 『조선의 아이 사랑이』를 미국 뉴욕에서 출간한 사실만 알고 있는 상태였다. 책머리에 정리되어 있는 연표와 역사를 보니까 이들이 한국에 도착한 해가 1911년으로 되어 있어서 정보가 정확한 것 같았다. 어렵사리 부탁한 끝에 목사님한테서 한 권을 구해 서울로 돌아와 좀 더 자세히 내용을 검토해 보았다. 교회와 선교의 역사에 관련된 중요 인물들과 비교했을 때 스와인하트 부부의 행적이 상세하지는 않지만 열두세 군데 이상에 걸쳐서 언급되고 있었다. 그 중에서는 반복되는 정보가 서로 일치하지 않아서 정보의 신뢰성

62 차종순 집필, 양림교회 역사편찬위원회 편집, 『양림교회 100년사(I)』, 성문당, 2003.

이 떨어지기도 한다. 그래도 대충 정리해 보면 이들 부부는 1911
년 9월 아니면 10월에 "딸 그리고 딸의 선생인 피치(Miss Harriet D.
Fitch) 양과 함께 도착하여 광주 선교부의 영구 인력으로 복음 사
업에 전념하게 되었다"(『양림교회 100년사(I)』, 175쪽). 1913년에는 이
들이 광주 선교부에서 맡아 한 일이 기록되어 있었는데, 남편은
"어학 공부, 선교부의 총무 및 재무, 선교부의 주일 학교 총무"를
담당하고, 부인은 "어학부, 선교부 복음전도, 여학교 공업부, 회계
업무 지원" 등을 담당한 것으로 되어 있었다(203~204쪽). 더 중요
한 정보는 스와인하트 부인이 1919년 무렵부터 "과부들과 기생 등
버림받은 여성들을 위한 자활 기술학교(industrial school)를 운영함
으로써 여성의 자립에 크게 기여하였다."(260쪽)는 사실이다. 이 사
실은 작품이 쓰인 배경을 추적하는 데 도움을 주는 중요한 정보
다. 사랑이가 기생집에 팔려가게 된 정황을 절박하게 묘사하는 것
으로 미루어 짐작할 때 저자 스와인하트 부인은 기생집이나 화류
계의 어두운 생태에 대해 직간접적으로 보고들은 것을 활용한 것
같기 때문이다.

또 하나의 흥미로운 정보는 양림 교회의 아동 성경 학교에 봉직
한 김명신이라는 교사의 사연이다. 더 정확하게 말하자면 김 교사
의 어머니의 어릴 때 사연이다.

그녀는 개성에서 태어났으나 너무나도 가난하여 어머니의 친정인 황해도 해주로 보내졌는데, 외할머니는 무당이었다. 그 후 1년 만에 다시 개성 본가로 왔는데, 그사이 아버지는 가출하여 종적을 알 수 없고 어머니는 외할머니의 신기를 대물림하여 무당이 되었다. 어린 딸……은 이것이 싫었으나 배고픔을 면할 수 있었다(286~287쪽).

위에서 가족 관계는 외할머니를 빼면 엄마, 아버지, 딸의 관계로 압축된다. 집은 가난하고 어린 딸은 그래서 거처를 옮겨야 하고 아버지는 가출해서 자취가 사라지고 어머니는 무당이 된다. 이 가족의 삶의 구조는 사랑이 가족의 삶의 구조와 비슷하다. 사랑이의 아버지도 집을 나가서 돌아오지 않는다. 버림받은 엄마는 무당이 된다. 딸은 그 여파로 기생집에 팔려갈 위기에 처한다. 무당 엄마가 딸을 팔아먹는 매정한 모티프만 빼면 무당 엄마와 딸 사랑이의 관계는 김명신 선생의 가족사에서 딸과 무당 엄마의 관계와 유사하다. 아버지가 가출하여 종적을 알 수 없게 되는 것도 『조선의 아이 사랑이』의 첫머리에서 아버지가 종적을 남기지 않고 사라지는 것과 매우 흡사해 보인다. 저자 스와인하트 부인은 역시 직간접적인 경로를 통해 김명신 교사의 불운한 가족사를 전해 듣고 이를 작품 구상에 활용했을 가능성이 높다.

『양림교회 100년사(I)』는 그 밖에도 역자한테 여러 가지 도움을 주었다. 예컨대 이제는 폐기되어서 확인할 수 없는 지명들 몇 개를 알아낼 수 있었다. 독자께서는 작품의 내용 중 해당되는 부분에 달아놓은 주석을 참고하면 이를 확인할 수 있을 것이다.

양림동 선교사 사택을 찾으면서 들은 애기 하나가 있다. 그 옛날 선교사들은 광주의 험준한 무등산을 갈 때 조선 사람들이 메는 가마를 타고 다녔다는 것이었다. 그런데 책을 자세히 들추어 보다가 눈에 확 띄는 사진이 있었다. 선교사 행렬인데 여자 선교사는 앞에서 조선인들이 멘 가마를 타고 남자 선교사는 뒤에서 말을 타고 따르는 사진이었다. 독자는 『조선의 아이 사랑이』 결론부에 가까워 질 즈음 서부인이 사랑이와 함께 가마를 타고 산에서 내려가는 장면을 읽게 될 것이다. 이 가마를 조선인 짐꾼 네 명이 짊어지는데, 이들이 가마 멜빵을 어깨에 메고 땅에서 불끈 일어나거나 이동하면서 내지르는 소리가 있다. 이 소리는 "cama poo jickey huh"라고 표기되어 있는데 정확히 어떤 뜻의 소리인지 알 길이 없고 어렴풋하게 추정할 수 있을 뿐이다. 앞의 "cama"는 '가마'가 거의 분명한 것 같다. "jickey"는 도구를 가리키는 것으로 보면 '지게'에 가깝고, "huh"와 붙여서 읽으면 "지께요"에 가까워진다. 만약 "poo"라는 소리를 뺀다면 혹시 "가마 지께요"라고 낸 소리를 저자가 대충 알아들은 것일까?[63] 가마 속에는 요강도 있었다니까 가마가 갑자기 움직일 때 조심해야 했을 테고 외국인이면 가마가 생소할 테니까 가마꾼들이 이를 특히 배려하는 뜻으로 냈을 법한 소리였는지도 모르겠다. 어쨌든 이런 식으로 확인하기가 어려운 말들이 여러 군데 있다. 역자는 이런 것들을 일일이 확인해서 알아내려고 하지 않았다. 대신 독자들이 주석에서 불분명한 영어 소리의 표기를 직접 확인해 볼 수 있게 해놓았다. 『조선의 아이 사랑이』는 원래의 영미권 독자가 아닌 우리 독자들한테는 불완전한 작품이다. 위와 같은 오류들도 적지 않게 뒤섞여 있고, 읽다 보면 한국의 문화를 오해하는 시각도 수시로 드러나기 때문이다. 그러나 『조선의 아이 사랑이』는 우리 독자가 새롭게 고쳐 읽어야 한다는 점에서 흥미롭고 특이한 텍스트다.

한국의 특정한 시공간이 외국어를 매체로 사용하는 문학 형식을 통해 해외에 소개되는 데는 두 경로가 있을 수 있다. 하나는 한국 태생의 작가가 외국어를 매체로 해외에서 한국의 시공간을 외국 독자를 향해 형상화하는 경우이고, 다른 하나는 외국인이

---

63 번역 본문에는 이런 추정과 상관없이 문맥에 맞게 "가마 나가요"로 고쳐 썼다.

한국의 시공간을 경험한 것을 자신의 모국어로 형상화하는 경우이다. 그런데 위의 두 경우 모두 한국 독자한테는 불필요할 정도로 한국 문화에 대해 상세한 설명을 전개하거나, 특히 후자의 경우에 있어서 한국 문화의 부실한 이해에 따른 오해나 왜곡이 텍스트에 끼어들게 된다. 이는 서로 이질적인 문화적 공간 사이의 차이에 따른 오해나 왜곡을 두 문화적 공간 사이를 오가는 개별 주체의 보편적 욕망이 완전히 해소할 수 없기 때문에 발생한다.

『조선의 아이 사랑이』는 미국의 뉴욕에서 1926년에 출간되었다. 선교 문학으로 분류된『조선의 아이 사랑이』는 선교라는 종교적 이념이 특정한 한국의 시공간의 재현에 작용하고 있는 텍스트다. 저자는 주인공 사랑이가 태어난 용(龍)의 해(병진년 1916년으로 추정)와 사랑이의 나이 여섯 살(따라서 1922년)을 강조함으로써 한국의 시공간에 자서전적 사실성을 부여한다. 그러나『조선의 아이 사랑이』에서 한국의 1920년대는 기독교적 선교 이념을 중심으로 펼쳐지는 저자의 서사적 욕망 구도에 배치된 형식적 차원의 시간이다.

『조선의 아이 사랑이』의 기독교적 선교 이념은 이분법적 구도 속에서 전개된다.『조선의 아이 사랑이』의 이분법 구도는 작품의 도입부에서부터 그 양태를 선명하게 드러낸다. 우선 기독교와 한국의 무속 신앙이 대립하고 남존여비 사상이라는 문화적 맥락 속에서 남자와 여자가 대립한다. 모든 이분법이 그렇듯이 대립 관계는 한쪽 항의 다른 쪽 항에 대한 우월성을 전제로 해서 성립한다. 예컨대 기독교는 선교사가 불운한 조선에게 베푸는 자비와 온정의 신앙인 반면, 한국의 불교나 무속신앙은 불신과 기만과 탐욕의 신앙인 것으로 단순화된다. 그리고 한국의 여자는 남자에 의해 무시되거나 억압당하는 존재로 그려진다. 한국의 역사와 문화에 대한 서술 시점은 영미권의 독자보다 한국의 독자한테 문제적이다. 과거 한국의 역사와 문화에 생소한 영미권 독자한테는 의식되지 않을 오해나 편견이 한국의 독자한테는 뻔히 드러나 보이면서 반감을 살 수 있기 때문이다.

『조선의 아이 사랑이』는 3인칭 시점에 의해 전개된다. 3인칭 시점은 거의 서구인의 의식과 비슷하다. 이런 종류의 3인칭 시점은 주인공급 인물의 의식이나 심리는 자세히 들여다보지만 다른 인물들은 대충 들여다본다. 따라서 불가피하게 편파적인 이런 시점은 어떻게 보면 1인칭 시점과 크게 다르지 않을 수도 있다. 저자가 한국 사회를 접근하는 자신의 시각의 한계를 의식하고 있었다면 1인칭 시점을 택했을 수도 있고, 아니면 소설 양식 대신 자서전 같은 양식을 택해서 자신의 선교 경험을 보다 더 직접적으로 기술할 수도 있었을 것이다. 저자는 그러지 않고 소설 양식을 택했고, 3인칭 서술 시점을 택했다.

이 3인칭에는 복합적인 동기가 작용하고 있는 것 같다. 여기서 3인칭 서술자는 사적인 개인이 아니다. 그는 기독교 선교의 이념적 정당성에 강한 신념을 품고 있는 자아다. 그런데 겉으로 강해 보이는 서술자의 시점이 일관성을 유지하지 못하고 동요한다. 역자는 서술 시점의 은밀한 불안감이 유난히 흥미로웠다. 독자의 이해를 돕기 위해 구체적 예를 들어보기로 한다. 다음은 사랑이와 무당 엄마가 미국인 선교사 서부인이 말을 타고 내달려오는 것을 처음 목격하는 순간이다.

햇빛은 길고 희게 뻗은 길 위로 쏟아졌고 오후의 시간은 천천히 기울었다. 나무가 울창한 산자락을 큰 길이 감싸며 돌아가고, 툭 튀어나온 산자락 땅이 그 너머의 길을 가린 곳에서 사랑이는 너무 지친 나머지 풀섶에 앉아 쉬게 되었다. 엄마는 뒤로 돌아서서 아이를 보고 인상이 험악해지더니 계속 걸으라고 다그쳤다. 그때 앞 쪽에서 단단한 땅위를 내달려오는 말발굽 소리가 이들로 하여금 순간적으로 그쪽을 쳐다보게 만들었다. 파란 눈과 아름다운 머릿결의 외국 여자가 잿빛 말을 타고 그 순간 길모퉁이를 돌아 달려 나오는 중이었다. 한국 여자나 아이는 머리가 검고 눈은 검은 사람 이외의 인간을 본 적이 전혀 없었다.

화들짝 놀란 이들은 느닷없이 출현한 이 유령을 안전한 거리에서 보기 위해 나지막한 둔덕 위로 부리나케 올라갔다.[64]

독자께서는 위 대목 중 누구한테 "파란 눈과 아름다운 머릿결의 외국 여자가 잿빛 말을 타고 그 순간 길모퉁이를 돌아 달려 나오는" 게 보였다고 생각하시는가? 정답은 물론 사랑이와 무당 엄마다. 서술자가 "이들로 하여금 순간적으로 그쪽을 쳐다보게 만들었다"고 이미 말했기 때문이다. 그러나 이는 정답인 것 같지만 정답이 아니다. 정확히 말하자면 사랑이와 엄마가 아니라 서술자의 눈이 그렇게 본 것이기 때문이다. 서술자가 친절하게 말해주듯이 사랑이나 엄마는 "머리가 검고 눈은 검은 사람 이외의 인간을 본 적이" 없다. 한국인 이외의 이방인을 본적이 없는 이들한테 파란 눈과 금발이 아름답다는 미적 감각이 있을 리가 없는 것이다.[65] 아닌 게 아니라 이들 눈에 외국 여자는 서술자 말마따나 '느닷없이 출현한 유령'처럼 보일 뿐이다. 어떻게 동일한 눈들인데 아름답게

---

64 본문 16쪽 참조.
65 서부인한테 사랑이에 못지 않게 중요한 아이가 또 한 명 있는데 이름이 막둥이(the Last One)다. 이 아이가 서부인을 보고 하는 말이 재미있다. 위의 모순적 서술 시점과 대조적으로 막둥이는 서부인이 "눈만 검고 코만 안 크면 예쁠 텐데"라고 말한다.(본문 91쪽 참조)

보였다가 금세 귀신처럼 보일 수 있는가. 이는 서술 시점의 모순인데 물론 우리는 이런 모순이 발생하는 이유를 어렵지 않게 짐작할 수 있다. 저자가 자신의 실제 삶에서 허구적 차원의 서술 시점을 객관적으로 분리시키지 못했기 때문이다.

오류는 바로 이어지는 서술에서 더욱 확연해진다. 낯선 이방인을 '유령'으로 보는 사람은 엄마와 아이이다. 그러나 서술자는 엉뚱하게도 "말 등 위의 여인은 미국인이었다. 옷차림새, 아름다운 머릿결, 파란 눈이 그 사실을 한국 사람에게 말해주고 있었다"고 말한다. 즉 바로 위에서 무당과 아이의 눈에 서양 여자는 '유령(apparition)'처럼 보일 뿐만 아니라 이후에서도 무당은 서양 여자의 낯선 외모에 대한 거부감을 드러낸다. 그러나 서술자는 '미국 여자'의 아름다움을 그 아름다움에 이질감을 느꼈을 뿐인 '한국 사람'의 시점에 강제적으로 전가한다.

이 같은 모순은 시점을 무당한테 완전히 이동시킨 다음 대목에서 결정적인 오류로 드러난다.

무당은 낯선 서양인들 얘기를 자주 들었다. 이들은 조선 사람들 속에서 하느님과 그 아들 예수를 섬기는 새 종교를 가르치며 살기 위해 저무는 태양 너머에서 건너온 기이한 외국인들이었던 것이다. 무당은 이 믿음에 대해서 아는 게 별로 없었다. 하지만 그녀의 타고난 직감은 그 교리가 자신의 생업이 행하는 부정, 사기, 불신 등과 정면으로 배치되고, 그게 만일 한국의 종교가 된다면 자신의 벌이가 사라지면서 무당들이 파산하리라는 사실을 알고 있었다. 이 때문에 무당은 선교사들, 그리고 이 낯선 교리를 받아들인 내국인 모두를 혐오했다. 그것은 도대체가 끔찍하게 싫을 뿐이었다.[66]

위에서 "부정, 사기, 불신"은 무당이 자신의 업에 대해서 갖고 있는 감정이라기보다는 저자 또는 서술자의 입장에서 보았을 때 작동하는 감정일 것이다. 즉 서술 시점이 자신과 이질적인 등장인물한테 자기 쪽의 감정을 전가하고 있는 것이다. 그리고 서술자는 무당이 기독교를 받아들인 "내국인(native) 모두를 혐오했다"고 말하고 있는데 '내국인'이라는 말은 무당이 자신과 같은 조선인들한테 쓰면 어색한 말이다. 이도 역시 선교사의 시각이 자기한테서 먼 등장인물한테 전가된 경우다.

『조선의 아이 사랑이』의 3인칭 서술 시점은 서부인과 한국인

---

66 본문 17쪽 참조.

등장인물 사이에서 묘하게 분열되어 있다. 서술자는 분명 서부인과 거의 동일시해도 무방할 관점에 서 있는 것 같은데, 일관성을 유지하지 못하고 한국인들 쪽으로 시선을 보냈다가 스스로 의식하지 않는 모순을 범하고 다시 그 시선을 서부인 쪽으로 거두어들인다. 『조선의 아이 사랑이』는 문학의 입장에서 소설이고 허구일 수 있지만, 저자의 선교라는 동기를 고려하면 의도가 뚜렷한 논픽션의 입장에서 재고할 수도 있는 서사이다. 사랑이나 엄마는 캐릭터로서 자율적인 감정이나 의지가 전혀 확보되지 않은 것 같은 느낌을 준다. 입체적으로 잘 빚어진 작중 인물이라기보다는 일방적인 시각에 의해 재단된 평면적 한국인 같은 느낌을 주는 것이다. 이런 엉성한 평면성은 기타 다른 한국인 등장인물들의 묘사에서 더 심해질 때가 많다.

이와 같은 종류의 텍스트를 한국어로 번역할 때 한국 독자가 수용하기 어려운 문화적 오해나 왜곡을 어떻게 처리할 것인가의 문제가 뒤따르게 된다. 텍스트에 흩어져 있는 오해나 왜곡을 직역하면 저자의 의도나 욕망은 제대로 전달되겠지만 한국의 독자한테는 거부감을 일으킬 수 있는 것이다. 다시 말해서 원문대로 직역하면 한국의 독자한테 오역처럼 보이고, 원저의 오해나 왜곡을 교정하면 원문의 의미를 번역자가 훼손하는 셈이 되어버린다.

역자는 좀 엉뚱한 쪽으로 생각이 흘렀다. 『조선의 아이 사랑이』는 불완전하기 때문에 더 재미있는 작품이라는 것이다. 베르톨트 브레히트(Bertolt Brecht)는 작품이 아리스토텔레스(Aristoteles)의 『시학』(Poetics)의 지침대로 완벽하면 안 된다고 보았다. 환상적 허구의 문맥에 독자가 기만당한다는 이유 때문이었다. 브레히트에 따르면 작품은 그 자체가 현실의 반영인 동시에 왜곡임을 수시로 관중들한테 환기시켜야 한다. 그리고 독자나 관중은 수동적으로 받아들이는 역할을 하는 자리에 있지 않다. 그는 불완전한 허구 또는 현실의 세계에 적극적으로 개입하는 게 마땅하다. 『조선의 아이 사랑이』는 그 속에 포함된 모순이나 오류 탓에 독자가 편안히 누워 읽듯 즐길 수 있는 텍스트가 아니다. 독자는 부단히 『조선의 아이 사랑이』를 고쳐 읽어야 한다. 롤랑 바르트(Roland Barthes)를 빌려 말하자면 『조선의 아이 사랑이』는 독자가 읽으면서 고쳐 "쓰는" 텍스트가 되어야 한다. 역사성이 탈각된 형식적 차원의 『조선의 아이 사랑이』는 아이러니컬하게도 독자가 읽으면서 고쳐 다시 써나갈 때 잃어버린 역사성을 되찾게 된다. 그렇게 읽을 때 『조선의 아이 사랑이』는 뺏겼던 유물이 돌아오듯 우리한테 돌아오는 텍스트다.

역자는 우연한 계기를 통해 『조선의 아이 사랑이』의 번역 앞부분 중 까다로운 표현들과 관련하여 숙명여대 임성균 교수의 도움

을 받았다. 앞의 최신욱 목사와 임성균 교수께 이 자리를 빌려 감
사드린다.

2007년 10월 12일

조선의 아이 사랑이 : 선교사 부인이 구한 조선의 아이들

펴낸날	초판 1쇄 2010년 10월 11일

지은이	로이스 H. 스와인하트
옮긴이	송창섭
펴낸이	심만수
펴낸곳	(주)살림출판사
출판등록	1989년 11월 1일 제9-210호

경기도 파주시 교하읍 문발리 파주출판도시 522-1
전화 031)955-1350   팩스 031)955-1355
기획·편집 031)955-1396
http://www.sallimbooks.com
book@sallimbooks.com

ISBN 978-89-522-1520-8   03910

※ 값은 뒤표지에 있습니다.
※ 잘못 만들어진 책은 구입하신 서점에서 바꾸어 드립니다.

책임편집 김원기